Bernard Lietaer
Die Welt des Geldes
Das Aufklärungsbuch

BERNARD
LIETAER

DIE WELT
DES GELDES

Das Aufklärungsbuch

Übersetzung und Redaktion:
Sylvia Schneider

Mit Bildern von Joachim Knappe

Arena

In neuer Rechtschreibung

1. Auflage 2001
© Arena Verlag GmbH, Würzburg 2001
Alle Rechte vorbehalten
Übersetzung und Redaktion: Sylvia Schneider
Einband und Illustrationen: Joachim Knappe
Gesamtherstellung: Westermann Druck Zwickau GmbH
ISBN 3-401-05287-X

INHALT

ÜBER GELD | SPRICHT MAN NICHT? IRRTUM!

GELEITWORT VON PROF. DR. URSULA SCHNEIDER

Über Geld spricht man nicht. Man hat es oder eben nicht. Selbst Experten »vergessen« im Laufe ihrer Ausbildung und beruflichen Beschäftigung mit dem Geld meist das Wesentliche und verlieren sich in Details.

Was ist das Wesentliche über das Geld? Woher kommt es? Wie wirkt es auf die Beziehungen von Menschen? Wie vermittelt es zwischen Unbekannten, über Kontinente hinweg und im Laufe der Zeit? Wie wächst es immer schneller, wenn Zinsen zu Zinsen dazukommen? Was bedeutet das für die, die dieses Geld schuldig sind (und warum verwenden wir dafür ein so moralisch besetztes Wort)? Wie kommt es, dass zum Beispiel jedes deutsche Kind bereits mit einer hohen Schuldenlast geboren wird? Wer hat dieses Kind verschuldet? Was wurde mit dem Geld geschaffen? Solche und ähnliche Fragen beantwortet Bernard Lietaers witziges und wichtiges Buch für Teenager. Er schreibt für jene, die die Folgen der gegenwärtigen Antworten auf diese Fragen zu tragen haben und wohl neue Antworten entwickeln müssen, wenn sie den Planeten erhalten wollen.

Ein Buch, das gerade zum richtigen Zeitpunkt kommt. Eines jener Bücher, von denen ihr später vielleicht sagen werdet, es habe euer Leben beeinflusst. Ein Buch, das euch in die Lage versetzen wird, den Erwachsenen Fragen zu stellen, auf die sie peinlicherweise keine Antworten parat haben. Ein Buch, über das ihr mit euren FreundInnen reden könnt. Kurzum: Ein Buch, auf das ihr euch einlassen solltet, am besten gleich. Viel Spaß und Gänsehaut beim Lesen.

Ursula Schneider, Professorin für internationale Wirtschaftstätigkeit, Vorstand des Instituts für Internationales Management an der Karl-Franzens-Universität Graz

GELD | IST MEHR ALS (S)EIN SCHEIN

EIN WORT ZUVOR

Geld ist jedermanns Liebling. Aber was weiß jedermann schon über seinen Liebling? Dieses ist das erste Buch über das wahre Gesicht des Geldes, das ich eigens für junge Leute wie dich geschrieben habe. Warum mir das so am Herzen liegt? Unter uns: Die meisten Menschen haben von Geld nicht mehr Ahnung als Fische vom Wasser. Sie leben damit bis zu ihrem Tode und nehmen es als etwas Selbstverständliches hin. Und sie sind sich nicht bewusst, wie sehr Geld ihr Leben bestimmt. Geld ist wie ein Ring, der ihnen durch die Nase gezogen wurde. An diesem Ring werden sie geführt wie Ochsen am Dreschflegel. Sie wissen es aber nicht. Deshalb liegt meine Hoffnung bei dir. Du bist noch jung, hast einen freien Kopf und unverbaute Gedanken. Du wirst schnell verstehen, was es mit dem Geld wirklich auf sich hat. Und wahrscheinlich wird es dir dann auch gelingen, dies anderen zu vermitteln.

Der größte Irrtum in Sachen Geld ist nämlich, dass wir denken, wir bestimmen das Geld und herrschen darüber. Doch andersherum wird ein Schuh daraus: Das Geld hat uns fest im Griff und macht mit uns mehr und mehr, was es will. Es zerrt uns am Nasenring durch eine Welt, in der Wettbewerb und Wachstumszwang immer mehr zunehmen, eine Welt, die immer ärmer an Mitmenschlichkeit wird, aber einigen wenigen ein immer dickeres Portmonee beschert. Bei alledem scheinen die meisten von uns nicht einmal auf die Idee zu kommen, dass das Geld von uns Menschen zur Erleichterung unseres eigenen Lebens erfunden wurde. Und dass nur wir selbst sein einnehmendes Wesen auch verändern können.

Du und deine Generation, ihr bekommt von uns Älteren eine Welt aufgehalst, in der vieles gewissermaßen am Rande des Abgrunds steht. Sie wird gebeutelt von Umweltproblemen, Arbeitslosigkeit in fast allen Ländern und internationalen Geldkrisen. Wie diese Probleme zu bewältigen sind? Die Welt ist ratlos. Doch ich werde dir aufzeigen, wie sie sich auf ungewöhnliche Weise innerhalb unseres bestehenden Geldwesens lösen lassen. Dazu musst du aber wissen, wie Geld in unserer Welt funktioniert. Das ist der Schlüssel, mit dem du in Zukunft viele Türen öffnen kannst.

Wenn du dieses Buch gelesen hast, wirst du mehr über Geld wissen als 99 Prozent der Erwachsenen – jene Gruppe von Menschen, die die meiste Zeit des Tages ihre Energie darauf verwendet, sich um das Geld zu kümmern, von dem sie letztlich keine Ahnung hat. Das glaubst du nicht? Du kannst ihr Wissen testen! Am Ende jeden Kapitels findest du Fragen des großen Geld-IQ-Tests, mit denen du deine Eltern, deine Familie oder deine Lehrer auf die Probe stellen kannst. Du selbst wirst die Fragen am Ende spielend leicht beantworten können, denn du bist mir dann ja aufmerksam durch dieses Buch gefolgt. Ich bin gespannt, was du herausfindest.

Du erreichst mich unter bernard@futuremoney.de. Ich zähl auf dich!

Bernard Lietaer
München, im Juni 2001

PS: Und natürlich solltest du ihnen auch dieses Buch zu lesen geben!

1. E-Mail

To: sylvie@home.de
From: bernard@futuremoney.de

Chère Sylvie,
bei unserem letzten Treffen anlässlich deines 16. Geburtstags hast
du mir über meine Arbeit und zum Thema Geld viele kluge Fragen
gestellt. Deine Brüder, Cousins, Kusinen und Freundinnen haben
mit großem Staunen zugehört. Ich habe in dem Moment begriffen,
dass du dir über vieles Gedanken machst und ihr Jungen über vieles
sprecht, was wir Erwachsenen euch gar nicht zutrauen. Deshalb habe ich mich entschlossen, für euch dieses Buch zu schreiben und
euch in meine Erfahrungen, Erkenntnisse und Wünsche in Sachen
Geld einzuweihen. Folgt mir auf die Reise durch die Welt des Geldes. Sie beginnt vor etlichen tausend Jahren und wohnt vor allem in
unseren Köpfen. Lasst uns gemeinsam die Geheimnisse entdecken, damit ihr euch eine eigene Meinung bilden könnt. Denn wir
können uns vielleicht für Geld alles kaufen – sogar menschliche Beziehungen und Hilfe, aber eines niemals: ein sinnvolles Leben!

In diesem Sinne: Gute Reise!

Dein Patenonkel
Bernard

1 | JEDER WILL ES, KEINER KENNT ES!

DIE WELT DES GELDES

Kohle, Knaster, Knatter, Knete, Kies, Moos, Money, Moneten, Mücken, Möpse, Mäuse . . . nichts ist uns so willkommen wie Geld. Geld ist die Schmiere im Getriebe des Lebens, sagt man. Nur wer Geld hat, kann sich was leisten: Label-Klamotten, den neuesten CD-Player, die ultimative PC-Ausrüstung, Konzertkarten von J. L., Britney Spears und Robbie Williams, alle auf einmal, Shopping in N. Y., Käffchen in L. A. und und und. Wer Geld hat, hat den Spaß seines Lebens, wer keines hat, lernt den Ernst desselbigen kennen. Das weiß doch jedes Kind, wirst du jetzt sagen. So ist es nun mal. Was soll denn daran Besonderes sein? Vor allem: Was kann man daran schon ändern – insbesondere wenn man es nicht hat?

Das Besondere daran ist das Besondere darin. Geld ist nämlich mehr als (s)ein Schein und etwas ganz anderes, als wir alle denken. Es spielt eine viel größere Rolle, als selbst die meisten Ökonomen meinen. Die wahre Geschichte des Geldes ist hinter Schleiern verborgen, die ich für dich lüften will. Nimm dir etwas Zeit und lass dich von mir mit auf die Reise nehmen. Denn echtes Geld ist nichts für Voreilige.

Wer beim Thema Geld nur an schnelles Geld denkt, träumt den Traum, dass man ohne Arbeit zu einer Menge Geld kommt und sich damit alles kaufen kann. Doch schnelles Geld – das kann sein wie eine flüchtige Knutscherei in der Disco, ein öder One-Night-Stand, ein langweiliges Essen mit doofen Leuten – husch und weg. Es bleibt lediglich ein schaler Nachgeschmack. Manchmal hat auch das Geld für Voreilige negative Spätfolgen: Man muss nämlich dafür löhnen, weil man sich verspekuliert hat – was nichts anderes heißt, als dass man für Geld Geld bezahlt oder Geld investiert hat, das man nicht wiederbekommt. Das ist vielen bereits an der Börse passiert, weil sie schnelles Geld machen wollten. Für uns beide geht es jedoch um viel mehr. Denn wir wollen ja gemeinsam hinter die Kulissen des Geldes schauen und überlegen, wie wir für die Zukunft mehr daraus machen.

Deshalb will ich dir als Erstes ein Geheimnis verraten, das dir auch erklärt, warum dieses Buch auch »Das Aufklärungsbuch« heißt: Geld ist ein ebenso großes Tabu wie Sex. Man tut's oder hat's, aber man spricht nicht darüber. Beim Sex könnte man sagen, alle tun's, aber keiner weiß genau, warum. Beim Geld hieße das so: Alle brauchen es oder wollen es zumindest, aber keiner weiß, wo es herkommt, was es wirklich ist und wie es funktioniert. Auch viele von denen, die mit ihren Börsenkenntnissen prahlen und die du vielleicht insgeheim bewunderst, kennen garantiert nicht seine Ursprünge und seine Hintergründe und bewegen sich nur im Glanz des schönen, aber täuschenden Geldscheins. Geld für Bedachte – das kann Geld fürs Leben, eine Liebe fürs Leben sein. Viele, viele Kinderlein inbegriffen. Und allen soll es gut gehen. Dauerhaft!

Zunächst einmal wollen wir aber wissen: Wer ist dieses Geld überhaupt? Gut, selbst ist es bekannt wie ein Popstar und hat es wirklich zu etwas gebracht. Jeder kennt es, jeder will es. Doch nicht selten sieht es aus wie aus der Gosse gezogen. Woher kommt es also, wer sind seine Eltern, seine Schöpfer? Wo liegen seine Ursprünge? Eigentlich muss es einem adligen Geschlecht angehören, seine Ursprünge müssen Kaiser oder Könige sein. Denn wie kann es sonst angehen, dass dieses winzige, oft schmutzige Etwas – Münzen oder Geldscheine – die Welt regiert, wie man immer wieder hört? Und wenn Geld die Welt regiert: Wer »sagt« dem Geld, was es zu tun hat? Wer »hilft« ihm beim Regieren?

Wenn wir uns hier mit Geld einlassen, wollen wir wissen, mit wem wir es zu tun haben, wer bringt was in die Partnerschaft ein, wo liegen die Stärken und Schwächen des Partners? Nur so ist man auch für Beziehungskrisen gewappnet. Denn Krisen gibt es ja in jeder Beziehung. Bei Liebes- und bei Geldkrisen wackelt die gesamte Welt, sei es deine eigene kleine Welt – wie es bei Liebeskummer meist der Fall ist – oder die große ganze Welt, wie es beim Geld geschehen kann.

Und die Welt wackelt in der Tat. Die Weltwirtschaft hat einen bösen Schwächeanfall und es ist fraglich, ob sie davon geheilt werden kann. Mit herkömmlichen Mitteln jedenfalls nicht. Obwohl uns das alle betrifft, ist dies den meisten von uns trotzdem kaum bewusst. Viele schier unlösbare Probleme drücken die Wirtschaft und sorgen für eine wachsende Unsicherheit bei vielen Menschen. Es wird immer deutlicher: Der Anstieg der Arbeitslosigkeit in fast allen Ländern und die auf uns zurollende Alterslawine sind mit dem herkömmlichen Geldwesen nicht mehr zu lösen. Das ist ohnehin auf einer großen Illusion aufgebaut, von der ich dir berichten will.

Wenn du das »gecheckt« hast, wirst du sehen, wie unser ganzes Leben mit dieser gemeinsamen Illusion verflochten ist, viel mehr als du jetzt denkst. Du wirst erkennen, wer sich daran bereichert. Du wirst feststellen, warum man sich Zeit für Geld nicht kaufen kann, ebenso wenig wie echte Freunde oder ein sinnvolles Leben. Du wirst begreifen, warum wir Menschen immer weniger Schönes miteinander machen, obwohl – oder weil – es uns im Großen und Ganzen finanziell besser geht als den Generationen zuvor und wir eigentlich mehr Zeit füreinander haben sollten. Ich werde dir erklären, warum das Geld bei manchen Menschen nicht bleiben will, warum andere süchtig nach Geld sind und warum Geld uns überhaupt vieles schwerer macht, obwohl es doch ausschließlich dazu da ist, uns das Leben zu erleichtern.

Wenn du das alles weißt, werde ich dich mit einem Wissen ausstatten, das dich in den Stand versetzt, etwas für dich zu ändern und zu erreichen. Denn wer verstanden hat, dass Geld auf einer Illusion beruht, die wir alle gemeinsam pflegen, der sieht die Welt plötzlich mit anderen Augen. Das ist für dich vielleicht eine einmalige Chance. Du kannst ein neues Geldbewusstsein erlangen. Und du wirst zu den ersten deines Alters gehören, die etwas ändern können.

Noch ein Geheimnis will ich dir bei der Gelegenheit gleich verraten: Du kannst selbst Geld erfinden. Denn wir sind nicht nur auf die Währung angewiesen, die wir alle als Geld kennen. Du wirst von den Geburtsstätten anderer Quellen für Zahlungsmittel erfahren, die nicht nur deinen Lebensstandard heben, sondern auch dich als Menschen bereichern und dir zu einem ausgewogenen Persönlichkeitsprofil verhelfen. Und ich werde dir von einem Wirtschaftssystem erzählen, das über Selbstheilungskräfte verfügt und dich auch immun machen kann gegen Geld für Voreilige, ein schnelles oberflächliches Leben und vergeudete Liebe. Damit entsteht neuer Wohlstand, der auch deiner sein kann. Hier und heute kannst du seinem Zauber erliegen.

2. E-Mail

To: sylvie@home.de
From: bernard@futuremoney.de

Chère Sylvie,
Frauen können nicht mit Geld umgehen, lautet ein altes Vorurteil. Was für ein kapitaler Irrtum der sich selbst überschätzenden Männerwelt. Zum einen geht und ging der größte Teil des Geldes in den privaten Haushalten, Handwerksbetrieben und kleineren Familienunternehmen durch die Hände von Frauen, die meistens die Finanzminister der Familie sind. Zum anderen verdienen Frauen heute selbst eine Menge Geld, das sie genauso kompetent – wenn nicht sogar umsichtiger – anlegen wie die männliche Hälfte der Menschheit. Eine Studie des Schweizer Center for Economic Research (Zentrum für Wirtschaftsforschung) belegt, dass Frauen genauso überlegt ihr Geld anlegen wie Männer. Vorausgesetzt, sie können unter denselben Bedingungen entscheiden.
Und genau da liegt der Hase im Pfeffer: Frauen haben nämlich immer noch einfach weniger Spielgeld im Portmonee. Sie verdienen meist von vornherein weniger und verbuchen häufiger wegen ihrer Kinder finanzielle Nachteile. Außerdem erwartet man von ihnen,

dass sie viel Geld für ihre äußere Erscheinung ausgeben, und sie bekommen später auch noch weniger Rente. Mit anderen Worten: Wenn Mädels – kleine und große – es so einfach hätten, würden sie genauso bravourös mit Geld umgehen wie Jungs und dabei vielleicht noch viel mehr Kohle machen.

In diesem Sinne: Immer ein glückliches Händchen
wünscht dir
der Pate
B.

Teste deinen Geld-IQ

1. Frage: Gib aus den sechs genannten Gründen vier richtige
Antworten an, warum Geld wichtig für uns ist.

a   Geld erleichtert uns die Tauschvorgänge.
b   Mit Geld allein kann man sich ein sinnvolles Leben kaufen.
c   Mit Geld können wir den Wert von Dingen vergleichen.
d   Mittels Geld können wir Wert aufheben bis zu seinem Nutzen.
e   Geld schafft ein Bewusstsein, einer bestimmten Nation
anzugehören.
f   Geld befähigt die Regierung, Steuern festzusetzen und zu
erhalten.

Nach jedem Kapitel findest du eine Testfrage, mit der du dein Wissen – oder vielleicht auch das deiner Eltern – überprüfen kannst. Notier dir deine Antwort auf einem Blatt Papier, das du mit durch das Buch wandern lässt. Am Ende des Buches verrate ich dir die Auflösung des Knotens. Und ich sage dir, was für ein Geldtyp du bist. Viel Spaß dabei!

2 | ES WERDE GELD!

GELD IST DOCH KEIN DING

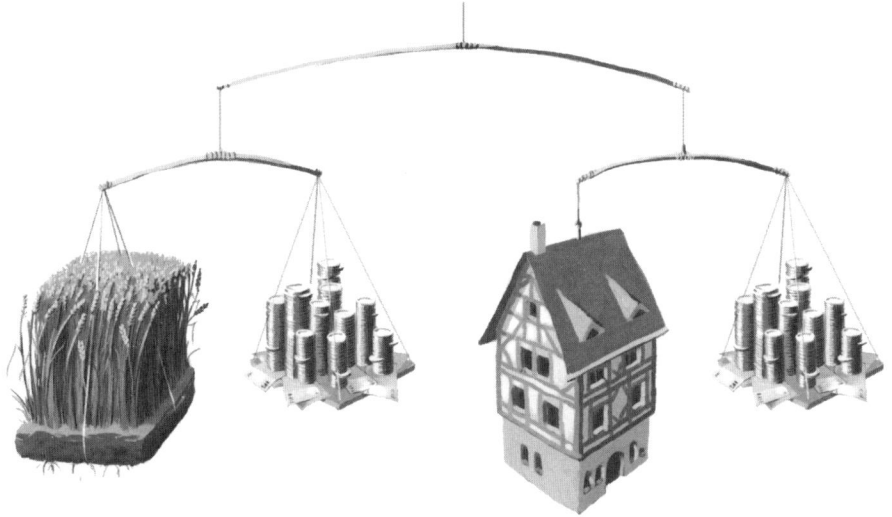

Geld gibt es schon fast seit Menschengedenken. Keiner konnte bislang wirklich feststellen, wann und wo es genau seinen Ursprung nahm. Doch irgendwann war es da und zwar an verschiedenen Orten unserer Erde. Als das Geld in grauer Vorzeit entstand, interessierte sich allerdings noch niemand für seine Erfinder. Es entstand einfach irgendwie aus gewissen Notwendigkeiten des Zusammenlebens mehrerer Menschen heraus und vor allem gehörte es zunächst noch allen. Das ist heute anders.

Die Erfindung des Geldes hing damit zusammen, dass die Menschen sesshaft wurden. Zuvor waren sie auf der Suche nach Nahrung von Ort zu Ort gezogen, denn sie versorgten sich selbst mit allem, was sie brauchte. Deswegen mussten sie hin und wieder den Platz wechseln, wenn der alte gewissermaßen »abgegrast« war. Als sie sich an einem einzigen Ort niederließen und dort auch nicht wieder wegwollten, änderte sich das. Sie begannen nun Dinge zu tauschen, von denen sie mehr hatten, als sie brauchten, gegen solche Sachen, die sie nicht hatten, aber brauchten. Das funktionierte gut, solange jeder noch für sich selbst wirtschaftete und noch keine größeren Betriebe oder gar eine Industrie vorhanden waren. In dem Moment, wo es Menschen gab, die zum Beispiel ausschließlich ein Handwerk ausübten, konnten immer mehr sich nicht mehr ganz selbst versorgen. Sie brauchten vor allem Nahrungsmittel zum Überleben. Mit dem direkten Tauschen klappte es immer weniger: Ein Schuster zum Beispiel brauchte jeden Tag Brot, aber ein Bäcker nicht täglich ein Paar neue Schuhe. Es entwickelte sich eine andere Art des Handels und damit wurde ein einheitliches Zahlungsmittel notwendig.

Überall war Geld noch nicht das Geld, das wir heute kennen. Es dienten die unterschiedlichsten Dinge als Zahlungsmittel: Muscheln, Tiere, Bernstein, Tee, Gewürze, Kunsthandwerk, Naturschätze wie Gold, Silber und Edelsteine. Aus Asien und Afrika ist uns die Kaurischnecke als Zahlungsmittel am besten bekannt. Es gab winzige und größere »Geldstücke«. Den Vogel schossen dabei ganz sicher die Einheimischen der Insel Yap im Westpazifik ab. Ihr »Kleingeld« bestand aus Steinscheiben, die einen Durchmesser von bis zu vier Meter hatten. Sie waren gewissermassen stein-reich.

Die Zahlungsmittel galten entweder als besonders wertvoll oder sie waren selten. Dennoch waren sie letzten Endes ziemlich unbequem. Denn wer hatte schon ständig eine Kuh unter dem Arm, eine Tüte Muscheln dabei, rollte eine Steinscheibe vor sich her oder trug gar einen Elefantenzahn im Zampel, um etwas bezahlen zu können?

Etwa im siebten Jahrhundert vor Christus kam König Midas deshalb auf die Idee, einheitliche Münzen zu prägen. Er herrschte in Lydien, einer Region, die heute in der Türkei liegt. Zunächst kaufte man – wie beim Tauschen – mit den Münzen Dinge, die man zum Leben benötigte und selbst nicht hatte. Später kamen dann Dinge dazu, die man zwar direkt nicht benötigte, aber gerne haben wollte. Und man bezahlte damit Arbeitsleistungen von Arbeiten, die man selbst nicht machen konnte oder wollte.

König Midas verschuf seinen Untertanen mit seinen Münzen eine gehörige Erleichterung. Während sie vorher stets mit einer Waage herumlaufen mussten, um ihr Geld – also das, was sie als Bezahlungsmittel nahmen – abzuwiegen, waren diese einheitlichen Münzen, für die also auch ein festgesetzter Wert galt, viel einfacher zu handhaben. Denn man brauchte sie sich nur in die Hosentasche zu stopfen und bei Bedarf genau so viel herauszuholen, wie für eine Sache zu bezahlen war. Sie trugen eine Prägung, damit man ihren Wert kannte. Es gab also auch keinen Streit mehr darüber, was ein Zahlungsmittel wert sei. Noch ein Vorteil: Wer Geld verdient hatte, konnte es nachzählen. So fand das Geld von König Midas reißenden Absatz.

Was ist Geld?

Während am Anfang der Wert des Geldes daran bemessen wurde, was man glaubte, dass sein Material selbst wert sei – also ob es sich um Muscheln, Tiere, Gold, Silber oder Metall handelte –, so wandelte sich das nach und nach. Geld war dann nur das wert, was die Menschen ihm an Wert zugedachten. Doch wie brachte man das auf einen Nenner? Wie können wir es uns erklären, dass all diese so völlig unterschiedlichen Dinge für Menschen gleichermaßen »Geld« bedeuteten? Wir wissen, was man mit Geld machen kann – nämlich etwas tauschen, etwas zählen, etwas bezahlen oder es auf die hohe Kante legen. Das beantwortet nur die Frage, was es tut, aber noch lange nicht die Frage, was es wirklich ist!

Das wirkliche Geheimnis des Geldes ist, dass es kein Ding, keine Sache ist, obwohl es am Ende oft auch etwas zum Anfassen ist. Es ist aber dennoch etwas anderes: eine gemeinsame Idee. Geld ist die stillschweigende Übereinkunft einer Gemeinschaft, irgendetwas Einheitliches für den Austausch von Dingen und Leistungen zu verwenden und darin einen bestimmten Wert zu sehen. Der Wert unseres Geldes liegt heute vor allem in unserem Glauben daran. Geld ist also kein Wert an sich, sondern eine Übereinkunft einer Gemeinschaft darüber und der Glaube daran, dass das funktioniert. Entscheidend ist aber nach wie vor, dass wir damit etwas kaufen oder tauschen können. Wir bezahlen genau wie die Altvorderen damit Waren oder Dienstleistungen; wir benötigen es also für unseren ganz normalen Alltag. Darüber hinaus dient es zur Wertsicherung. Es gilt als Vermögen, das Zinsen bringt, übertragen, verschenkt oder vererbt werden kann. Es soll damit unsere Zukunft sichern.

So kam es – auf einen kurzen Nenner gebracht – dazu, dass zum Beispiel ein an sich wertloses Stück Papier 500 Euro wert sein kann. Dieses Prinzip des gedachten Wertes klappt jedoch nur, wenn sich alle daran halten. Das wurde im Laufe der Geld- und Menschengeschichte immer wieder zu einem Problem, weil ein paar Schlaumeier versuchten für sich selbst etwas mehr herauszuholen.

EINE WECHSELHAFTE GESCHICHTE

Lange Zeit fand der Handel in Europa nur mit Münzen statt. Aber auch das erwies sich langfristig als unbequem, weil die Kaufleute auf ihren langen Handelsreisen stets Riesensäcke mit Moneten dabeihaben mussten. Außerdem wurden sie oftmals Opfer von Überfällen, bei denen ihnen die Zampel mit dem Geld geraubt wurden. So begann die Geschichte des Wechsels: Kaufleute deponierten ihr Geld meist bei Goldschmieden in ihrer Nähe. Wenn sie etwas kauften, bekamen die Verkäufer einen so genannten Geldwechsel – einen Schein, auf dem quittiert wurde, dass Herr XY ihnen soundso viel Geld schuldete. Das Geld konnten die Verkäufer sich dann beim Goldschmied abholen. Damit das niemand anders tat, wurde der Name des Gläubigers, also der Name desjenigen, der das Geld zu erhalten hatte, ebenfalls schriftlich vermerkt. Insofern sahen Diebe und andere Gauner zunächst alt aus, wenn sie einen solchen Wechsel ergatterten. Für die Händler erwies er sich dafür so manches Mal als verführerisch: Sie kauften nämlich weiter ein, auch wenn für ihre Wechsel längst nicht mehr genügend Geld beim Goldschmied lag, das heißt, ihre Wechsel waren nicht mehr »gedeckt«.

Also erwiesen sich auch die Wechselscheine als unpraktisch. Folglich wandelte man sie etwas ab. Für das Geld, das jemand bei einem Goldschmied ablieferte, bekam er Scheine, auf denen nur noch eine Summe, aber kein Name mehr stand. Wer auch immer mit einem solchen Schein beim Goldschmied auftauchte, bekam den vermerkten Wert in Gold ausgezahlt. Die Händler konnten also ihre Ware mehr oder weniger direkt bezahlen. Die Vorläufer des Papiergelds waren damit geboren. Für Geldräuber begannen wieder bessere Zeiten. Für den Geldverkehr des internationalen Handels schufen als Erste die Ritter des Tempelordens bei ihren Ritter- und Kriegszügen die Voraussetzungen. Vielen gelten sie als die eigentlichen Erfinder des Papiergelds im Abendland.

Aber auch die Vorfahren der Banken waren damit ins Leben gerufen worden – jeder Goldschmied oder Geldwechsler war schon so etwas wie ein Bankier. Die erfolgreichen Goldschmiede merkten bald, dass die Goldmünzen die meiste Zeit in ihren Kassetten lagerten. Einem unternehmerisch denkenden Goldschmied kam deshalb eines Tages der Gedanke, dass er mehr Quittungen ausstellen konnte, als es der Menge der Goldmünzen entsprach, die bei ihm lagerten. Denn es sei ja nicht anzunehmen, dass alle Besitzer auf einen Schlag ihre Goldmünzen gleichzeitig bei ihm abholen würden. Auf diese Weise konnte er seine Einnahmen erhöhen, ohne dass er seine Goldreserven erhöhen musste. Es wurden Scheine in Umlauf gebracht, für die es keinen Gegenwert in Gold mehr gab. Damit war das erste Geld aus dem Nichts geschaffen. Und das Kreditwesen hatte seinen Anfang genommen.

> »Sie denken also, dass Geld die Wurzel allen Übels ist. Haben Sie
> sich jemals gefragt, was die Wurzel allen Geldes ist?«
> Ayn Rand, amerikanischer Autor

Doch da es so viele unterschiedliche Geldscheine wie Goldschmiede und Geldwechsler gab, wurde es rasch ein unübersichtliches Durcheinander. Überdies konnte man diese Geldscheine auch wunderbar fälschen. Hinzu kamen noch Währungen aus dem Ausland. Davon gab es ziemlich viel, denn die Länder und Regierungsbezirke waren meist klein. So große Staaten wie heute gab es ja noch nicht.

Nun fühlte sich die Politik gefordert und griff ein. Ein Gesetz legte fest, dass es nur noch eine Bank geben sollte, die für die Ausgabe von Geldscheinen zuständig war. Das wiederum wurde der Vorläufer unserer heutigen Zentralbank (siehe Kapitel 4). Hier konnte man Gold gegen Geldscheine tauschen und umgekehrt. Ein Geldschein selbst ist nicht viel wert. Es kostet die Zentralbanken nicht besonders viel, ihn herzustellen.

GELD WECHSELT

Doch Papiergeld und Münzen sind auch schon fast wieder »Schnee von gestern«. Seit einigen Jahren zahlen viele von uns mit einer neuen Form des Geldes: dem vom Volksmund so genannten Plastikgeld. Damit ist das Zahlen mit einer Kreditkarte gemeint, die aus Plastik besteht. Von der Karte wird ein Abdruck genommen oder die Karte wird mit ihrem Magnetstreifen durch einen elektronischen Apparat gezogen, der mit der jeweiligen Kreditzentrale verbunden ist, man unterschreibt einen Kontrollzettel und hat schon bezahlt. Das Kreditinstitut – etwa American Express oder Visa – besorgt sich das ausgegebene Geld dann vom Konto bei der Hausbank wieder. Dafür müssen die Geschäftspartner eine gewisse Gebühr blechen.

Erstmals ausgegeben wurden solche Kreditkarten nicht von Banken, sondern von den Ölgesellschaften, die ihren Kunden den Benzinkauf erleichtern und sie gleichzeitig an sich binden wollten. Das waren also anfänglich noch reine Kundenkarten, die nur zum Bezahlen in dem jeweiligen Gewerbe galten – so wie wir das heute von vielen Kaufhäusern kennen. Vor mehr als 50 Jahren dann wurden Kreditkarten eingeführt, mit denen man überall bei den Vertragspartnern bezahlen konnte. Damit war wieder eine Form der Kreditvergabe geboren. Und zwar eine sehr einträgliche, denn die Zinsen, die die Kreditkartenfirmen erheben, sind um ein Vielfaches höher als die Bankzinsen für Kundenkredite.

Eine Weiterentwicklung des Papiergeldes und der Kreditkarte ist das Cybergeld. Doch das kommt nicht so recht vom Fleck, weil ihm die Menschen zutiefst misstrauen. Zwar wurde uns vor einiger Zeit das Ende vom Portmonee prophezeit, doch offensichtlich ist das gar nicht erwünscht. Das elektronische Geld – der Geldersatz, der auf eine Chipkarte aufgeladen und dann zum Bezahlen verwendet wird – macht heute einen mit bloßem Auge kaum erkennbaren Prozentsatz hinter dem Komma aus. Und das, obwohl die goldfarbenen Chips bereits in vielen Millionen Kreditkarten eingelassen sind. Die Apparate zum Aufladen stehen auch schon in unseren Banken, doch das Interesse ist von allen Seiten derzeit noch sehr gering. Ebenso wie bei der Einführung des Papiergeldes vor etwa tausend Jahren sind die Leute heute wahrscheinlich so lange skeptisch, bis sie sich an die neuen Möglichkeiten gewöhnt haben. Im Brockhaus von 1928 steht zu lesen: »Papiergeld ist in vielen Ohren ein so furchtbarer Ton, dass sie schon beim bloßen Namen desselben erschrecken.« Alles, was uns fremd ist, macht uns anfänglich Angst. »Früher war alles besser!«, ist eine altbekannte Reaktion der Menschen.

Geld hat eben auch etwas mit Gefühlen zu tun, auch dazu kommen wir später noch ausführlich. Mit Papier und Münzen verbinden die Menschen heute noch mehr Gefühle als mit Geld, das man weder sehen noch anfassen kann. Nichts lässt das Herz momentan noch höher schlagen als das unverwechselbare Knistern eines jungfräulichen Geldscheins oder das Klingeln eines Haufen Münzen. »Eine Banknote braucht man nur anzufassen, um zu erkennen, dass es Geld ist«, schwärmt der Manager einer Gelddruckerei – logischerweise, denn sein Unternehmen gehört ja zu denjenigen, die mit Gelddrucken Geld verdienen. Bits, Bytes und Plastik bescheren dem Menschen offenbar noch keine glänzenden Augen.

Ganz smart in die Zukunft

Doch es stehen auch schon weiter gehende neue Ideen beziehungsweise deren Umsetzung ins Haus: die so genannten Smartcards. Vor dem Hintergrund eines möglichen, ja sehr wahrscheinlichen Skandals werden sie künftig an immenser Bedeutung gewinnen: Allmählich wird nämlich deutlich, dass unsere heute gebräuchlichen Kreditkarten nicht sicher genug sind. Das gilt insbesondere für den Handel im Internet. Eines Tages werden ein Hacker, ein anderer Bösewicht oder eine ganze Gruppe von Schlitzohren kommen und sich sämtliche Daten aller Karten verfügbar machen und sich dann nach Herzenslust bedienen.

Mit der Smartcard hat man dagegen echt gute Karten: Ihre Sicherheit ist größer und das kleine Plastikding ist außerdem ein Alleskönner. Man kann mit der Karte die Haustür öffnen, Zigaretten ziehen und ins Internet kommen. Sie funktioniert aber auch als Fahrkarte oder als Chipkarte beim Doktor, als Führerschein oder Versicherungspolice. Viele andere Möglichkeiten werden derzeit schon ausgeklügelt.

Rund 800 Millionen Smartcards wurden bereits 1999 abgesetzt, im Jahr 2006 sollen es mehr als zwei Milliarden Stück sein. Erstaunlich, aber wahr: Der Vater der smarten Dinger ist ausnahmsweise mal kein Amerikaner, sondern ein Tüftler aus Hamburg. Er pfropfte der Plastikkarte einen Chip auf und hauchte damit der Karte diese allumfassende Intelligenz ein.

Das war im Übrigen bereits 1968. Danach gab es einen Quantenhupf: Heute gleicht der Chip einem winzigen Minicomputer, der demnächst fast alles kann. Eine ähnlich revolutionäre Idee wie die von König Midas damals. Denn eine entscheidende Frage wird dadurch aufgeworfen: Was passiert mit den Banken, wenn dieser »Winz-Wicht« doch alles von allein kann?

ONLINE MIT DER KNETE – DAS LIEBE GELD IM INFORMATIONSTAUMEL

Am Tausendsassa Smartcard ist auch eine damit zusammenhängende Entwicklung ablesbar: Das so genannte Industriezeitalter geht zu Ende und das Informationszeitalter hat bereits begonnen: Computer, Internet und weitere neue Technologien bestimmen schon jetzt unseren Alltag. Neue Währungssysteme rüsten sich für ihren Zug in die Welt unbemerkt von Medien, Öffentlichkeit, sogar von Akademikern, die ja sonst ihre Nase überall haben und zu allem ihren »Senf abgeben« müssen.

Aber diese neuen Währungsysteme werden für unsere Wirtschaft und unsere Gesellschaft dramatische Folgen haben. Denn das Geld ist unser wichtigstes Mittel, um Informationen auszutauschen. Es ist sogar inzwischen nachgewiesen, dass die Schrift von den Sumerern »nur« erfunden wurde, um finanzielle Transaktionen in irgendeiner quasi objektiven Form festzuhalten.

Die Computerindustrie hat in wenigen Jahren eine atemberaubende Entwicklung hinter sich gebracht. Kaum ein Haushalt kommt ohne diese Industrie aus – auch wenn es vielen gar nicht so bewusst ist. Doch in vielen Haushaltsgeräten, im Auto, in Fax und Handy, ja selbst in Hörgeräten stecken heute Mikrochips, die die benötigten Informationen speichern und weiterverwerten. Auf diesem Sektor bist du sicher topfit. Man kann davon ausgehen, dass sich die Rechnergeschwindigkeit alle anderthalb Jahre verdoppelt und der Preis für einen PC-Chip um die Hälfte sinkt.

Nach der Computerrevolution befinden wir uns nun mitten in der Internetrevolution. Informationen über Geld & Co stehen uns mit dem Internet 24 Stunden rund um die Uhr zur Verfügung, ohne dass wir dafür jemand anderen – einen Banker etwa – fragen müssen. Damit hat sich auch im gesellschaftlichen Gefüge Entscheidendes verändert: Informationen über wichtige Dinge wie Geld zu erhalten ist jetzt nicht mehr nur einigen handverlesenen, priviligierten Menschen vorbehalten. Jedermann kann sich heute Informationen verschaffen – egal, welcher Schicht er angehört, welche Ausbildung und wie viel »Knatter« er in der Tasche hat.

POST, KURIER, FAX, E-MAIL –
INFOS AUF DER ÜBERHOLSPUR

Um die Rasanz der Entwicklung richtig zu begreifen, müssen wir uns nur einmal verschiedene Übermittlungswege für Informationen vor Augen führen: Du willst ein Referat von dir an einen befreundeten Mitschüler schicken, der zum Austausch in den USA ist. Dein Werk umfasst stolze 42 Seiten.

❏ Per Luftpost dauert es etwa fünf Tage und kostet eine Stange Geld.

❏ Per Kurier wäre es in 24 Stunden zu schaffen, kostet jedoch ein Vermögen und ist für den normalen Menschen kaum bezahlbar.

❏ Mit dem Fax brauchst du mehr als eine halbe Stunde, das ist zwar auch nicht ganz billig, doch durchaus finanziell zu bewältigen, dafür ist es dann aber gleich dort, wo es hinsoll.

❒ Als E-Mail versandt, huscht dein Referat sekundenschnell von Sender zu Empfänger und kostet vergleichsweise fast nichts. Damit hat die E-Mail den Austausch von Daten rund um die Welt und rund um die Uhr revolutioniert.

Was das überhaupt mit Währung zu tun hat, willst du sicher wissen. Der Wohlstand eines Landes, einer Wirtschaft hängt eng zusammen mit seinen Ressourcen, also den Rohstoffen seiner Erde, Fähigkeiten und Möglichkeiten seiner Menschen, aus denen er etwas herstellen oder die er verkaufen kann. Das kann Mineralöl sein, Edelsteine, Mineralvorkommen, Energie, aber auch die menschliche Arbeitskraft, Know-how oder Kreativität. In Zukunft könnten Informationen der wichtigste »Rohstoff« werden. Damit ändert sich noch etwas Wesentliches. Das Neue an dem Austausch von Informationen ist Folgendes: Kaufe ich einen Edelstein, gehört er mir. Ich brauche ihn nie wieder jemand anderem zu zeigen, wenn ich ihn sicher in meinem Safe verschließe oder im Strickstrumpf unter meinem Bett verstecke. Kaufe ich eine Information, gehört sie mir zwar auch, aber der Verkäufer weiß sie auch, er kann sie nicht wirklich aus seinem Kopf oder seinem System löschen und wird sie nicht vergessen. Außerdem können sich unter Umständen auch viele andere ohne großen Aufwand über Software und Internet meine Informationen besorgen, obwohl sie das gar nicht dürften. Die Telekommunikation hat diese Verbreitung von Informationen möglich gemacht. Daraus folgt am Ende die Erkenntnis, dass man Informationen in diesem Medium nicht wirklich besitzen kann. Sie sind flüchtig und für jedermann einsehbar. Das Klauen »geistigen Eigentums« allerdings ist Menschen mit kreativen Ideen beileibe nicht neu. Das hat es schon immer gegeben, doch es war noch nie so leicht wie heute.

Noch eine neue Entwicklung bringt das Informationszeitalter mit sich: Informationen werden wertvoller, je mehr Menschen über die Technologien verfügen können. Das nenne ich den Fax-Effekt. Hat nur eine Person ein

Fax, nützt ihr das herzlich wenig. Je mehr Menschen jedoch ein Fax besitzen, desto wertvoller wird mein eigenes Faxgerät. Das konterkariert die Art und Weise, wie heute die traditionelle Wirtschaft arbeitet: Hier werden Dinge immer wertvoller, je knapper sie sind. Wenn Diamanten in solchen Massen vorkommen würden wie Flusskiesel, wären sie genauso wertlos. Am Internet ist diese Entwicklung ganz besonders deutlich geworden: Je mehr Informationen verfügbar sind, desto höher ist ihr Wert. Du siehst also: Es wird immer spannender.

3. E-Mail

To: sylvie@home.de
From: bernard@futuremoney.de

Chère Sylvie,
in meiner letzten E-Mail habe ich dir von den Vorurteilen gegenüber Frauen und dem Geld erzählt. Aber wusstest du, dass das Weibliche und Geld eng miteinander verbunden sind? Das Wort Moneten und der englische Begriff »money« stammen aus dem Lateinischen: Im Römischen Reich wurden Münzen auf dem Kapitol im Keller des Tempels der Göttin Juno Moneta hergestellt. Als Tochter des Saturn war Juno die Gottheit der weiblichen Angelegenheiten wie Schwangerschaft, Geburt und Menstruationszyklus und wurde deshalb auch von den römischen Frauen jeden Monat am Neumondtag gefeiert. Sie war damit auch die Göttin der Fruchtbarkeit, der Empfängnis, des ungeborenen Lebens – also war sie die große Göttin der Weiblichkeit. Nach ihr ist auch der Monat Juni benannt, der noch heute ein beliebter Heiratsmonat ist.
Vielleicht wählst du ihn ja auch einmal für dieses große Fest . . .
In diesem Sinne: Ich werde hoffentlich dabei sein!

Toujours
Bernard

Teste deinen Geld-IQ

2. Frage: Was IST Geld?

a   Geld ist eine Übereinkunft innerhalb einer Gemeinschaft, etwas
     als Zahlungsmittel zu benutzen.
b   Geld ist eine Illusion.
c   Geld, das sind Banknoten und Münzen.

3 | FALSCHMÜNZER IN AKTION

REICH-STADT AM GELDFLUSS

Lyderkönig Midas entdeckte durch seine Münzen auch als Erster, dass man mit Geld Geld verdienen kann. Man sagte ihm nach, er habe alles, was er anfasste, in Gold verwandelt. Denn er hatte begriffen, was die Leute wollten. Als der Run auf die beliebten Münzen von König Midas so unersättlich war, dass das Rohmaterial zur Herstellung der Münzen knapp wurde, gab er seinen Leuten den Befehl, das Rohmaterial mit minderwertigeren Stoffen zu strecken. Also wurde das Geld selbst immer weniger wert. Und wer verdiente daran? Der schlaue König mit den goldenen Händen ...

PAPIERGELD AUS DEM REICH DER MITTE

Die Chinesen gelten als Erfinder des Papiergeldes. Es tauchte ca. 820 nach Christus erstmals auf und ist damit nur wenig jünger als das Münzgeld. Doch erst im 13. Jahrhundert gewann es wegen wachsender Exporte in alle Welt an größerer Bedeutung. Marco Polo, der 1295 von seiner Chinareise nach Venedig zurückkehrte, schwärmte vom Papiergeld aus dem Reich der Mitte: »Ich sage euch, dass jeder gern einen Schein nimmt, weil die Leute, wohin sie im Reich des Großen Khans auch gehen, damit kaufen und verkaufen können, so als ob es pures Gold sei.« Später machten die Chinesen auch die Erfahrung, dass Papiergeld an Wert verliert, wenn man zu viel davon druckt und in Umlauf bringt. Heute weiß man: Das Wohlleben mit zu viel Schein(en) führt immer zur Inflation. So auch in China. Obwohl die Banknoten auf parfümiertem Seidenpapier gedruckt wurden, wurde das Papiergeld nicht mehr von den Menschen akzeptiert. Man kehrte bereits 1350 zur Münzwährung zurück.

Seitdem es offzielles Geld gibt, haben Menschen versucht es zu vermehren, ohne dafür groß arbeiten zu müssen. Nicht nur Regierungen, sondern auch Otto Normalverbraucher versuchte immer wieder aus Geld Kapital zu schlagen. So schabte manch einer zu Beginn des Münzwesens von den noch wertvollen Münzen etwas Material ab, behielt diese Ausschabungen für sich und »versilberte« sie im Bedarfsfall wieder. Zu fast allen Zeiten gab es einen schwunghaften Handel mit gefälschtem Geld. Wie auch immer das Geld aussah, es fanden sich immer rasch Schlitzohren, die versuchten es zu fälschen.

DIE HOHE SCHULE DES GELDDRUCKENS

Dem mussten natürlich die offiziellen Geldhersteller Rechnung tragen. Damit die Papierscheine nicht so leicht gefälscht werden konnten, ließ man sich mit der Zeit einige gewitzte Herstellungsregeln einfallen: Heute ist Papiergeld auf Baumwollpapier gedruckt, damit es nicht so schnell reißt wie Papier aus Holzfaser. Es ist strapazierfähiger und nicht so leicht nachzumachen. Es hat zudem eine andere Struktur, die Baumwollfasern lassen sich auch nach dem Bedrucken noch erkennen. Dann sind die Geldscheine zusätzlich noch mit einem Wasserzeichen geschützt, das kaum zu fälschen ist. Deutsches und Schweizerisches Geld enthält zudem noch einen Silberfaden, den man sieht, wenn man den Schein gegen das Licht hält. Dies alles und noch viel mehr haben sich die Banken ausgedacht, um Menschen davon abzuhalten, sich unrechtmäßig am Geld zu bereichern.

»Die Entwicklung des Papiergeldes ist immer auch ein Wettlauf zwischen der Sicherheitstechnologie und den Fälschern«, sagt ein Spezialist. Und in diesem Wettkampf müssen die Gelddrucker sich immer neue Hakenschläge ausdenken, um eine Nasenlänge vor den Fälschern zu sein. Fluoreszierende Aufschriften, Kinegramm (Kippbilder), Hologramm und eingeprägte geheime Zeichen, die nur von Maschinen zu erkennen sind, gehören fast schon zur Standardausrüstung. Mehr als 20.000 falsche Banknoten – Blüten genannt – wurden im Jahr 2000 von der Deutschen Bundesbank aussortiert. Meist waren es 20-Mark-Scheine, die mit einem Computer-Farbkopierer hergestellt worden waren.

MENSCHEN MACHEN MÄUSE

Doch eines haben die Geldfälscher aller Zeiten begriffen: Von Anfang an gab es ein Prinzip, das den wenigsten anderen Menschen je bewusst wurde. Wer immer Geld macht und in Umlauf bringt, der bestimmt auch, was Geld ist. Das sind immer Menschen! Dass wir denken, Geld unterläge irgendeiner höheren Macht und wir hätten keinen Einfluss darauf, ist eine der größten optischen Täuschungen der Menschheit. Weißt du, wer an unserem seligen Glauben ein ausgekochtes Interesse hat? Richtig, die, die das Geld machen, beziehungsweise die, die bestimmen, dass Geld gemacht wird. Denn sie streichen ja den Gewinn ein zwischen dem Herstellungswert – also im Falle unseres 500 Euro-Scheines etwa Papier und Druckkosten – und dem hohen Marktwert (Nennwert) des Geldes. Man sagt, dass heute die Herstellung eines Geldscheines ungefähr zehn Cent beträgt. Je weniger wert das Ausgangsmaterial für das Geld ist, was man anfassen kann, umso höher der Gewinn des Verkäufers. Clever, was?

Diese Geschichten sind nun aber längst nicht so alt, dass sie uns nicht zu interessieren hätten. König Midas ist nämlich nicht wirklich tot! Denn seine Nachfahren leben noch. Mittlerweile gehören sie jedoch keinem königlichen Geschlecht mehr an. Heute arbeiten sie im Bankensystem. Das Ganze heißt auch nicht mehr Königtum, sondern Geldschöpfungsmonopol. Ist aber genau die gleiche Absahne wie vor mehr als zweieinhalbtausend Jahren.

Heute heißt das »Kreditschöpfung«. Geld wird heute buchstäblich aus dem Nichts geschaffen. Nur auf den ersten Blick sieht es so aus, als würde es in dem Moment entstehen, wenn die Zentralbanken es drucken lassen. Bei einem Zauberer kommt das Kaninchen, das er aus dem Hut zaubert, auch nicht wirklich aus dem Hut. Das ist ja sein Zaubertrick: Er tut es vorher hinein und sorgt mit allerlei Brimborium dafür, dass seine Zuschauer dies nicht merken. Die Geburtsstunde eines Großteils des Geldes ist heute das Bankdarlehen. Stell dir nur mal vor, deine Eltern wollen deiner älteren Schwester ein Auto kaufen. Sie gehen zur Bank und bekommen einen Kredit genehmigt. Die Bank überweist ihnen Geld auf das Konto, das ja nur als Summe auf dem Papier oder dem Computer erscheint. Deine Eltern überweisen das Geld an den Autohändler und bezahlen den Kredit nach und nach ab. Und schon verschwindet die Summe wieder im Nichts, ohne jemals wirklich leibhaftig da gewesen zu sein. Das nennt man Geldschöpfung. Die Engländer sagen »fiat money« dazu, abgeleitet von Gottes ersten Worten bei der Erschaffung der Welt: »Fiat lux« – »Es werde Licht«. Das Prinzip »Es werde Geld!« erkläre ich dir im nächsten Kapitel noch genauer.

GELDGESCHICHTE IN DEUTSCHLAND

Die Deutschen haben sowieso eine Menge schrecklicher Geldschöpfungsgeschichten erlebt – gerade in den vergangenen zweihundert Jahren. Deshalb wollen wir auch noch mal schnell in die jüngere Geldgeschichte eintauchen, damit auch du Bescheid weißt.

Als Deutschland den Ersten Weltkrieg (1914–1918) verloren hatte, ging es nicht nur den Menschen, sondern auch dem Geld schlecht. Es setzte nämlich eine galoppierende Inflation ein: Aus einer Goldmark von 1914 wurden bis zum Frühjahr 1923 sage und schreibe 143 Millionen Mark Papiergeld – nur leider war der ganze Zaster kaum etwas wert. Diese Schwindsucht des Geldes galoppierte munter vor sich hin. Kostete ein Pfund Butter im Februar jenen Jahres auch so schon unvorstellbare 3.400 Mark, so waren es im Oktober 26 Milliarden und Anfang November bereits 280 Milliarden Mark. Keiner konnte dagegen anverdienen und schon gar keiner hatte noch irgendwie einen Überblick. Ein Handwerker, der am Freitag eine Rechnung für seine Arbeit ausstellte, wusste nicht einmal mehr, was er am Montag dafür erwarten konnte – in der Regel hatte er dann schon nichts mehr davon. Keiner wusste: Rechnen wir heute in Millionen, Milliarden, Billionen oder Trillionen?

Selbst die Taschendiebe klauten nicht mehr, weil es nicht mehr lohnte. Manche Kriminelle verlegten sich nun darauf, unschuldigen Menschen Schmuck zu rauben oder gar Goldzähne rauszureißen, die Geldbörsen jedenfalls ließen sie stecken. Als die Mark nun gar keinen Heller mehr wert war, wurde erst die »Rentenmark« eingeführt und 1924 die »Reichsmark«. Wer irgendwie noch Geld oder Vermögen übrig hatte, verlor es jetzt endgültig. Es hieß »Finito della musica« für die meisten deutschen Bürger.

Dabei hatte alles so viel versprechend angefangen: Als 1871 das Deutsche Kaiserreich gegründet wurde, das 1918 mit Kriegsende schon wieder unterging, hatte der Reichskanzler Otto von Bismarck (1815–1898) eine Währungsreform durchgesetzt, die als genial galt: Er hatte die Goldmark eingeführt. Das wurde deswegen für einen Fortschritt gehalten, weil auch zu dieser Zeit bereits ein heilloses Durcheinander in Sachen Geld herrschte. Deutschland bestand aus vielen kleinen Staaten, die alle ihre eigene Währung hatten: preußische Taler, fränkische, rheinische und bayerische Gulden,

Kronenthaler, Kölnische, Hamburgische, Lübeckische Mark, Reichsthaler, Theresienthaler und noch etliche mehr.

Hätte es damals schon die technischen Möglichkeiten von heute gegeben – etwa qualitativ hochwertige Farbkopierer –, wäre wahrscheinlich auch Otto Normalfälscher mit selbst gemachtem Geld gar nicht weiter aufgefallen. Das »Hobby« Geldfälschung boomte, wie man hört, war es so eine Art Volkssport geworden. Sogar eine eigene Zeitschrift für Hobby-Fälscher wurde dafür mit großem Erfolg auf den Markt gebracht. Wer wollte es den Menschen verdenken? Dass jedoch dieses Chaos nicht gerade für Ruhe, sondern eher für eine Menge böses Blut sorgte, versteht sich von selbst.

Trotzdem fanden die Leute die Sache mit der Goldmark zunächst nicht gerade berauschend. Sie befürchteten eine Abhängigkeit von anderen Staaten. Es wurde überdies davor gewarnt, dass die wertvollen Goldstücke nur eine Augenwischerei seien und bald wieder aus dem Verkehr verschwinden würden, um beliebig nachdruckbarem Papiergeld Platz zu machen.

Vierzig Jahre später war das bereits Wahrheit: Die Reichsbank war nicht mehr dazu verpflichtet, Geld in Gold umzutauschen. Wenn der Staat nun Geld brauchte – etwa um den Ersten Weltkrieg zu finanzieren –, druckte er sich das eben einfach. Am Ende kam dann die Inflation dabei heraus. Doch vorher gab es durchaus kurz einen Aufschwung, nachdem der alte Währungssalat vom Tisch war. Aktiengesellschaften schossen wie Pilze aus dem Boden. Spekulanten hatten Hochkonjunktur. Und es entstanden die ersten drei deutschen Großbanken, die auch heute noch unsere allgegenwärtigsten sind: Deutsche Bank, Dresdner Bank und Commerzbank. Doch stand alles auf recht wackeligen Beinen, und nachdem sich alle und alles genügend hochgeschaukelt hatten, stürzte die Börse ab und über hundert Aktiengesellschaften gingen Pleite. Ein Schelm, wer dabei an heute denkt . . .

Bis dahin galt also, dass das im Umlauf befindliche Papiergeld einen tatsächlichen Gegenwert haben musste. Es musste zu »kosmetischen Zwecken« ein realer Gegenwert für den Nennwert des Papieres beim Staat oder den Zentralbanken vorhanden sein. Das war unter anderem deshalb so wichtig, weil die Bevölkerung dem Papiergeld misstraute. Das Volk war es gewohnt, dass man auf eine Goldmünze beißen konnte, um ihre Echtheit zu prüfen, dass man einen Silberling wiegen konnte, und nichts gab ihm mehr Sicherheit als ein Geldbeutel voll klingender Münzen. Was war dagegen schon ein Bündel Papierscheine? Wir selbst wissen aus den bekannten Westernfilmen, wie schnell den üblen Gangstern, die bei ihren Banküberfällen in verschlafenen Präriekäffern stets einen Koffer voller Geld verlangten, oftmals ein Koffer voller Zeitungspapierschnipseln untergeschoben werden konnte.

Dennoch blieb die Zeit ja nicht stehen. Das Papiergeld machte seinen Weg, schlicht weil es beim weltweiten Handel einfacher zu handhaben war – allerdings Volkes Argwohn blieb.

Genährt wurde das Misstrauen bei uns neuerlich nach dem Zweiten Weltkrieg: Die Staatsverschuldung war auf 400 Milliarden Mark angewachsen, die Preise kletterten mal wieder in astronomische Höhen. Eine einzige Zigarette kostete 1948 beispielsweise 30 Mark. Mal wieder war eine Währungsreform fällig. Am 21. Juni 1948 verlor die Reichsmark – oder das, was von ihr noch übrig war – gänzlich ihren Wert. Jeder Bürger bekam 40 Deutsche Mark in die Hand gedrückt, wenig später noch einmal 20 Mark. Mühsam Erspartes war nichts mehr wert – auch das nichts Neues. Am Ende gab es für 100 Reichsmark gerade mal 6,50 Deutsche Mark.

Seit dem Zweiten Weltkrieg galt die deutsche Mark als stabilste Währung. Times they are a-changing . . .

4. E-Mail

To: sylvie@home.de
From: bernard@futuremoney.de

Ma Chère,
in seinem Roman »1984«, den du sicher aus dem Schulunterricht kennst, schreibt George Orwell: »Es gibt keinen heimtückischeren und sichereren Weg, das Fundament der Gesellschaft zu zerstören, als ihre Währungen zu entwerten. Dieser Vorgang stellt alle verborgenen Kräfte der wirtschaftlichen Gesetze in den Dienst der Zerstörung, und das in einer Weise, die nicht einer unter einer Million erkennen kann.«
Wenn du das Geschehen in der Welt am Fernsehen oder durch Lesen verfolgst, wird dir sicher auch bewusst, wie vorausschauend er gedacht hat und wie dringlich eine Veränderung unserer Umgehensweise mit den anstehenden Problemen ist. Ist es nicht eigentlich ein Witz, dass Kinder und Jugendliche in der Schule so gar nichts über Geld lernen?

fragt sich und dich
Bernard

Teste deinen Geld-IQ

3. Frage: Wer brachte als Erstes einheitliche Geldmünzen in Umlauf?

a   Die Tempelritter
b   Die Jäger und Sammler
c   Der Lyderkönig Midas

4 | WIR WOLLEN NUR IHR BESTES UND DAVON VIEL!

DIE WELT DER BANKEN

Die ersten Bankiers waren die Goldschmiede und Geldwechsler. Das haben wir schon gehört. Aus ihrem Gewerbe entwickelte sich das Bankenwesen. Das Wort Bank stammt wie so vieles aus dem Italienischen. »Banco« bezeichnet den Ladentisch, auf dem im Mittelalter die Münzen gezählt wurden und den Besitzer wechselten. So ein »banco« war meist aus Marmor, denn auf ihm hinterließen die Münzen einen Klang, aus dem man auf ihre Echtheit schließen konnte. Wenn ein Kaufmann oder Geldwechsler selbst nicht mehr zahlungsfähig war, zerschlugen zuvorkommende Zeitgenossen seinen »banco«, folglich war sein »banco rotto« und er selbst ebenfalls. Von diesem kaputten Ladentisch haben wir das Wort Bankrott für Zahlungsunfähigkeit geerbt. Eines der bekanntesten italienischen Bankhäuser gehörte vom 12. bis zum 15. Jahrhundert der Familie di Medici aus Florenz. Heute gibt es in allen Ländern viele verschiedene Banken, die sich um die Geldangelegenheiten der Bürger kümmern. Das Bankenwesen galt immer als etwas Besonderes, etwas Weihevolles.

An der Spitze der Banken steht die Zentralbank, von der es pro Land nur eine gibt. Die Zentralbanker spielen etwa die Rolle einer Art Hohepriester. Sie überwachen den Geldfluss und die Menge des Geldes, das im Umlauf ist. Es darf nie zu viel und nie zu wenig sein. Wenn zu viel Geld im Umlauf ist, sinkt sein Wert, wie wir bereits im letzten Kapitel an den Beispielen China und Deutschland gesehen haben. Dieses Phänomen nennt man Inflation. Wenn zu wenig unterwegs ist, steigt sein Wert und die Exportwirtschaft kommt in Schwierigkeiten. Die Zentralbank ist die einzige, die Geldscheine drucken darf. Zu ihr kommt ein Teil des Papiergelds zurück, das die Banken eingenommen haben. Hier wird es kontrolliert und bei Bedarf – etwa wenn es schmutzig und zerrissen ist – durch neues ersetzt. Gefälschtes Geld wird dingfest gemacht und aussortiert. Bei der Zentralbank kann jedermann jederzeit beschädigte Geldscheine in neue umtauschen.

Aufgaben und Pflichten der Zentralbanken

Sie sind so eine Art Feuerwehr, wann immer bei einer Bank ein Problem auftaucht oder das ganze System in Schwierigkeiten gerät.

Sie müssen dafür sorgen, dass das Geld einigermaßen knapp ist, sodass die Inflation unter Kontrolle bleibt.

Sie halten die Inflation mit einer Reihe von Mitteln zur Steuerung des Geldumlaufs im Zaum. Sie erteilen dabei keine Befehle, sondern senden Signale aus – wie etwa Veränderungen der Leitzinsen, den An- und Verkauf von Staatsanleihen oder Währungskäufen.

Darüber hinaus sind Zentralbanken Banken wie andere auch. Ihre Kunden sind allerdings nicht Privatleute, sondern die anderen Banken, für die sie die Zahlungen abwickeln.

Die Bundesbank – das ist die Zentralbank von Deutschland – wurde nach dem Zweiten Weltkrieg im Jahr 1957 gegründet. Vorher gab es die Reichsbank, die 1875 entstanden war. Bei der Bundesbank werden auch die eisernen Reserven der Bundesrepublik eingelagert. Das sind immer noch gewisse Goldvorräte, die zumindest die Hälfte des Geldes, das im Umlauf ist, in Gold abdecken. Meist bewahren die Zentralbanken zur Sicherheit auch noch Devisen auf – das heißt Geld in anderen starken Währungen. Die Bundesbank schaut auch darauf, dass die normalen Banken sich an die vereinbarten Regeln halten.

Eine wesentliche Tätigkeit der normalen Banken ist, neben dem täglichen Zahlungsverkehr – also den Überweisungen von einem Konto auf ein anderes – das Aufbewahren von Spargeldern. Jemand, der etwas auf »die hohe Kante« legen möchte, deponiert für gewöhnlich einen Teil des Geldes, das er dafür übrig hat, bei der Bank. Dafür bekommt er Zinsen – meist einige Prozent dessen, was er zur Bank gebracht hat. Auch die Höhe der Zinsen wird von der Zentralbank bestimmt, die dabei unter anderem den Wert der Währung und den Zustand der Wirtschaft mitberücksichtigt. Mit dem Spargeld ihrer Kunden arbeiten die Banken, etwa indem sie selber Geld anlegen, z. B. Aktien oder Immobilien kaufen. Aber die bedeutendste Einnahmequelle ist der Geldverleih, d. h. das Vergeben von Krediten. Denn wer bei der Bank Geld leiht, muss Zinsen zahlen. Die liegen höher als die, die man durch Spargeld gewinnt. Die Differenz ist Teil des Profits, des Verdiensts der Bank.

Das meiste Geld, von dem gerade die Rede war, ist allerdings gar kein Geld mehr zum Anfassen oder zum Angucken. Wir sehen unser Geld meist nur noch auf Kontoauszügen oder im Computer. Als reales Geld ist es gewissermaßen unsichtbar geworden. Trotzdem können wir damit bezahlen oder uns »wirkliches« Geld vom Girokonto oder aus dem Bankautomaten holen. Das Girokonto verdankt seinen Namen dem griechischen Wort »gyros« und dem italienischen »giro«, beide bedeuten eigentlich »Rundgang« oder »Runde«. Hier heißt es, dass Geld seine Runden von Konto zu Konto ziehen kann. Wir kennen das Wort »gyros« auch von einem der bekanntesten griechischen Fleischgerichte: Da werden Fleischscheiben auf einen Spieß gesteckt und in einem runden Grill im Drehen gegrillt. Wenn es fertig ist, wird rundherum das knusprige Fleisch abgeschnitten. Das italienische Wort »giro« hingegen kennen wir vom Radrennen »Giro d'Italia« – der Rundfahrt durch Italien.

Das Geld auf dem Girokonto wird auch Buchgeld genannt, weil es nur in den

Büchern der Bank steht und auf den Buchungsbelegen, die wir zum Abheften bekommen. Es gibt viel mehr Buchgeld als »echtes« Papiergeld. Es ist eine Art fiktives, virtuelles Geld, also eines, was man sich eigentlich als Geld vorstellt. In Wirklichkeit sind es wie gesagt Zahlen auf dem Papier oder im Computer.

DIE VERSCHLEIERUNG DES GELDES

Ich habe dir im letzten Kapitel bereits von der Entstehung des Geldes berichtet, dem »Fiat Money«, dem Geld aus dem Nichts (siehe Seite 31). Jetzt will ich dir dieses faszinierende und ungeheuerliche Phänomen noch einmal genauer erklären, denn es handelt sich um eines der gehütetsten Geheimnisse unserer Tage. Die wirkliche Entstehung unseres heutigen Geldes wird gern systematisch verschleiert:

Kurz gesagt: Die Verschleierung besteht darin, dass die Banken nicht einfach das Spargeld verleihen, wie man sagt. Eigentlich »erschaffen« Banken neues Geld und verleihen es.

Das Geheimnis besteht zunächst darin, dass sie die Zusage »Ich schulde dir etwas!« als Zahlungsmittel akzeptieren. Wenn dir also dein Freund Axel Geld leiht, damit du mit der Bahn zur Love-Parade fahren kannst und zusätzlich noch etwas Kohle in der Tasche hast, und du ihm sagst, dass du ihm das zurückzahlst, sobald du kannst, habt ihr dein Schuldeingeständnis gewissermassen als Zahlungsmittel akzeptiert. Das ist der Beginn der so genannten Kreditschöpfung, über die wir schon sprachen.

> *»Mehr als bei allen anderen Zweigen der Wirtschaftswissenschaften haben wir es beim Geldwesen mit einer Disziplin zu tun, in der die Komplexität häufig nur dazu dient, die Wahrheit zu verschleiern, statt sie für jedermann verständlich darzustellen.«*
> *John Kenneth Galbraith, amerikanischer Ökonom*[1]

Im Bankensystem sieht es so aus: Die Zentralbank kauft beispielsweise 100 Millionen Euro Staatsanleihen in den Finanzmarkt hinein. Die Menschen und Unternehmen, die diese 100 Millionen Euro Wertpapiere verkauft haben, legen das Geld, das sie dafür erhalten, bei ihrer Bank als Einlage zurück. Mit dieser Einlage kann nun wiederum die Bank jemand anderem 90 Millionen Euro als Kredit zur Verfügung stellen. Die restlichen zehn Millionen – zehn Prozent – lässt die Bank zur Sicherheit bei der Zentralbank liegen. Nehmen wir einmal an, eine große Immobilienfirma entschließt sich dazu, diesen 90-Millionen-Euro-Kredit aufzunehmen, um ein Firmengebäude in der Stadt zu kaufen. Was glaubst du, wird der Verkäufer des Firmengebäudes tun, wenn er die Zahlung von 90 Millionen Euro erhält? Klar, er wird das Geld bei seiner Bank auf sein Bankkonto einzahlen. Und dies wiederum ermöglicht nun seiner Bank, Kredite zu gewähren. Dieses Mal in Höhe von 81 Millionen Euro und zehn Prozent verbleiben wieder bei der Zentralbank als Sicherheit. Und die Kreditschöpfung geht in die nächste Runde.

So schaukeln sich Einlagen und Kredite gegenseitig hoch und aus den ursprünglichen 100 Millionen der Zentralbank sind 900 Millionen Kreditgeld geworden. Und so ist eine Summe von 900 Millionen Euro aus dem Nichts entstanden: 100 Millionen Euro als Geld der Zentralbank und zusätzlich noch 800 Millionen Euro durch die Kreditvergabe von privaten Banken.

Dieses Phänomen ist so ähnlich wie das einer bestimmten Teigmutter, die immer mal wieder als Kettenreaktion von sich reden macht. Bestimmt kennst du sie auch. Denn kürzlich machte der Teig unter dem Namen »Hermann« mal wieder die Runde. Der Teig muss regelmäßig gepflegt werden, dann vermehrt er sich mehr, als man jemals verbacken kann. Folglich muss man »Hermann« – oder wie auch immer er dann jeweils heißt – mit Pflegeanleitung und Rezepten kettenartig an alle möglichen Leute verschenken, die nicht schnell genug »auf die Bäume flüchten« können. So wächst und wächst der Teig und wächst wie das Geld aus dem Nichts.

Geld und Schulden bedingen sich also gegenseitig. Ohne Schulden gibt es in diesem System kein Geld. Die meisten Banken geben heute mehr Kredite an Menschen wie dich, deine Eltern und mich als an Unternehmen aus. Das Schlimmste für dieses System wäre es, wenn alle Menschen mit Schulden – also die meisten – ihre Schulden tilgen würden. Denn dazu müssten sie an ihre

Spareinlagen gehen und das Geld würde sich in Luft auflösen. Selbst das Zentralbankgeld würde im Nirwana verschwinden, wenn die Regierung ihre Schulden zurückzahlen könnte.

Aber so: »Es werde Geld!«, sprach das gesamte Banksystem und es ward Geld . . .

Zinsen – versteckter Motor der Wirtschaft?

Dass wir für einen Kredit Zinsen zahlen müssen, nehmen wir als gottgegeben hin. Doch das ist ja gar keine Zwangsläufigkeit. Über lange Zeit hinweg galt das nämlich als sträflicher Wucher. Wucher bedeutete jede Form, Zinsen für den Verleih von Geld einzustreichen. Und Wucher war verpönt und lange Zeit auch verboten in allen Religionen. Das galt unter anderem für Juden, Christen und Muslime. Heute verdammt der Islam den Wucher noch weitgehender. Die folgende Geschichte macht deutlich, wie Zinsen in unserem Geldsystem verwoben sind und welche Rolle sie beim Wettbewerb zwischen den Menschen spielen.

Das elfte Lederstück

Es war einmal ein kleines Dorf im australischen Busch. Dort bezahlten die Menschen alles mit Naturalien. An jedem Markttag spazierten sie mit Hühner, Eiern, Schinkenkeulen und Broten herum und verhandelten lange miteinander über den Tausch der Güter, die sie brauchten. In wichtigen Zeiten im Jahr, etwa zur Ernte oder wenn jemand nach einem Umwetter seinen Stall reparieren musste, erinnerten sich die Menschen wieder an die Tradition, einander zu helfen, die sie aus der alten Heimat mitgebracht hatten. Jeder wusste, wenn er einmal in Schwierigkeiten geraten sollte, würden die anderen ihm helfen.

An einem Markttag tauchte ein Fremder auf. Er trug glänzende schwarze Schuhe und einen eleganten weißen Hut und beobachtete das Treiben mit einem sardonischen Lächeln. Beim Anblick eines Farmers, der verzweifelt versuchte die sechs Hühner einzufangen, die er gegen einen großen Schinken eintauschen wollte, konnte er sich das Lachen nicht verkneifen. »Die armen Leute«, stieß er hervor, »wie primitiv sie leben.«

Die Frau des Farmers hörte seine Worte und sprach ihn an. »Meinen Sie, Sie kämen mit den Hühnern besser zurecht?«, fragt sie ihn.

»Mit den Hühnern nicht« erwiderte der Fremde, »aber es gibt einen besseren Weg, sich den ganzen Ärger zu ersparen.«

»Ach ja, und wie soll das gehen?«

»Sehen Sie den Baum dort?«, sagte der Fremde. »Ich gehe jetzt dort hin und warte, bis einer von euch mir eine große Kuhhaut bringt. Dann soll jede Familie zu mir kommen. Ich werde euch den besseren Weg erklären.«

Und so geschah es. Er nahm die Kuhhaut, schnitt gleichmäßige runde Stücke davon ab und drückte auf jedes Stück einen kunstvoll gearbeiteten, hübschen kleinen Stempel. Dann gab er jeder Familie zehn runde Stücke und erklärte, dass jedes den Wert von einem Huhn habe. »Jetzt könnt ihr mit den Lederstücken Handel treiben anstatt mit den widerspenstigen Hühnern.«

Das leuchtete den Farmern ein. Alle waren sehr beeindruckt von dem Mann mit den glänzenden Schuhen und dem interessanten Hut.

»Ach übrigens«, meinte er noch, nachdem jede Familie ihre zehn runden Lederstücke entgegengenommen hatte, »in einem Jahr komme ich zurück und sitze wieder unter diesem Baum. Ich möchte, dass jeder von euch mir elf Stücke zurückgibt. Das elfte Stück ist ein Unterpfand der Wertschätzung für die technische Neuerung, die ich in eurem Leben eingeführt habe.«

»Aber wo soll das elfte Stück denn herkommen?«, fragte der Farmer mit den sechs Hühnern.

»Das werdet ihr schon sehen«, erwiderte der Mann und lächelte beruhigend.

Die Leute grübelten: Was sollte geschehen? Wenn alle dabeiblieben und im gleichen Maße miteinander Handel trieben, müsste die Gemeinschaft einer jeder elften Familie ihre zehn Lederstücke abnehmen, damit die anderen zehn Familien dem wundersamen Mann seinen Unterpfand aushändigen könnten. Das erschien ihnen am Anfang unvorstellbar.

Und dennoch kam es so ähnlich: Als das nächste Mal eine einzelne Familie von einer Missernte durch ein Unwetter ganz besonders bedroht war, waren die anderen nicht so schnell zur Stelle wie sonst üblich, um ihren Mitmenschen zu helfen. Folglich konnte diese Familie ihre Ernte nicht einbringen.

So hatte die Einführung der Lederstücke eine gute und eine schlechte Seite: Zwar war es durch sie wirklich sehr viel einfacher geworden, miteinander Handel zu treiben und an den Markttagen nur die Lederstücke auszutauschen anstatt der Hühner, Schinken oder Brote, doch ging dies zu Lasten der traditionellen spontanen Hilfsbereitschaft untereinander. Man kümmerte sich nicht mehr um das Wohlergehen der anderen, sondern schielte nach deren Lederstücken. Jeder wollte so viele wie möglich für sich selbst einheimsen. Das neue Zahlungsmittel hatte Neid, Missgunst, Wettbewerb und allgegenwärtige Konkurrenz im Schlepptau in das einst so friedliche kleine Dorf mitgebracht.

Genauso bringt das heutige Geldsystem alle am Wirtschaftsleben Beteiligten in eine Konkurrenzsituation zueinander. Das elfte Lederstück spielt dabei die Rolle der Zinsen.

Nehmen wir einmal an, deine Eltern wollen bei ihrer Bank einen Kredit aufnehmen, um sich ein Haus zu kaufen. Wenn die Bank beispielsweise 100.000 Euro schöpft, so schafft sie mit dem Kredit für deine Eltern aber nur das Ausgangskapital. Natürlich erwartet die Bank von deinen Eltern, dass sie den Kredit zurückzahlen. Das wären im Laufe der nächsten Jahre vielleicht 200.000 Euro. Und wenn deine Eltern die Summe nicht zurückzahlen können? Nun, dann sind sie ihr Haus leider los. Die Bank schafft also nicht nur die Zinsen, sie schickt deine Eltern hinaus in die Welt, in den Konkurrenzkampf gegen alle anderen, um die 100.000 Euro zu beschaffen. Und so machen es alle Banken. Kurz gesagt: Wenn deine Eltern der Bank die Zinsen auf ihr Darlehen bezahlen, brauchen sie das Ausgangskapital von jemand anderem auf.

Du siehst also, dass mit unserem Zinsmechanismus eine Knappheit an Geld erzeugt wird, die deine Eltern und viele andere dazu bringen, um das Geld, das noch nicht geschaffen wurde, zu konkurrieren.

Dieser versteckte Mechanismus des Wettbewerbs existiert heutzutage überall, besonders in den hoch entwickelten Ländern. Das erklärt natürlich auch, warum es gerade in diesen Ländern an Gemeinschaft und Kooperation mangelt.

Zusammenfassend kann man sagen, dass die drei Nebenwirkungen von Zinsen die eigentlichen Motoren sind, die unsere Wirtschaft vorantreiben: erstens die Konzentration von Reichtum, zweitens der Wettbewerb und drittens die Notwendigkeit von kontinuierlichem Wachstum.

In der täglichen Praxis sind die Dinge natürlich nicht so offensichtlich wie in unserer Geschichte vom elften Lederstück – die Bevölkerung wächst, die Produktion und der Geldbedarf steigen an. Das führt dann dazu, dass die Wirtschaft von Jahr zu Jahr wachsen muss . . .

5. E-Mail

To: sylvie@home.de
From: bernard@futuremoney.de

Chère Sylvie,
was mir unterwegs in vielen Städten, ja Ländern, aufgefallen ist: Immer mehr Banken und Versicherungen machen Werbung für Menschen in deinem Alter und versuchen eure Gefühle anzusprechen. Ihr sollt ganz gezielt dazu gebracht werden, Geld auszugeben, deshalb packt man euch bei euren Wünschen und Träumen. Nun ist bekannt, dass Jugendliche heute über eine nicht zu unterschätzende Geldsumme verfügen und damit über eine stattliche Marktmacht. Das Kinder- und Jugendforschungsinstitut iconkids & youth fand heraus, dass den 4,6 Millionen 13- bis 16-Jährigen in Deutschland jährlich 16,1 Milliarden Mark zur Verfügung stehen. Was für eine gigantische Summe! Etwa zehn Milliarden davon gehen für Klamotten, Musik und Disco weg. Der Rest wird bereits angelegt! Kids an der Börse!
Was machst du eigentlich mit deinem Taschengeld? Lass dich bitte beraten, wenn du irgendwelche weiter reichende Pläne hast – natürlich am liebsten von deinem guten Patenmenschen!

Nun haben also die Banken die Kids entdeckt. Nur: Die verdienen auch bei euch vor allem an dem Geld, das ihr nicht habt! So sollt ihr auch dazu verführt werden, Geld auszugeben, dass ihr euch erst bei der Bank leihen müsst.

Wünsche zurückzustellen wird in ihrer Werbung als uncool hingestellt. Mit Slogans wie »Kurz nach Paris. Aber immer« oder »Immer bei Kasse« sollen Jugendlichen Dispokredite und Plastikkarten schmackhaft gemacht werden.

Wusstest du, dass heute schon Minderjährige Schulden bei der Bank haben? Viele sind bereits hoch verschuldet, wenn sie ins Berufsleben treten.

In diesem Sinne: Voll daneben,
findet und grüßt
Bernard

Teste deinen Geld-IQ

4. Frage: Wer schöpft heutzutage das meiste Geld?

a   Die Regierung
b   Die Zentralbank
c   Die Banken

5 | DIE ÜBERWELT DES GELDES

DIE WÄHRUNGSSYSTEME DER WELT

Jedes Land hat sein eigenes Währungssystem – sprich: sein eigenes Geld, das als Zahlungsmittel innerhalb der Landesgrenzen gilt. Diese Währung nährt auch den Nationalstolz, denn sie macht die Grenzen nach außen hin deutlich, die sonst nur auf der Landkarte zu finden sind. Eine gemeinsame Währung bringt auch ein Gemeinschaftsgefühl mit sich: Wir sind wir und die sind die.

In den Nachbarstaaten besteht jeweils eine andere Währung. Wenn man von einem Land in ein anderes reist, muss man bekanntlich das Geld des einen in das Geld des anderen umtauschen, wenn man dort etwas kaufen will. Um ein Geld in ein anderes umtauschen zu können, müssen die verschiedenen Werte miteinander verglichen und gegeneinander aufgerechnet werden. Das nennt man Wechselkurs. Dann bekommt man für die Summe X in der einen Währung die Summe Y in der anderen.

Dieser Kurs richtet sich in der Theorie danach, wie gut die Wirtschaft des jeweiligen Landes dasteht. Ist sie gut in Schuss und macht prima Umsätze, ist das Geld mehr wert, als wenn die Wirtschaft so vor sich hin dümpelt und nichts richtig läuft. Der Wechselkurs wird in der Praxis jeden Tag neu unter die Lupe genommen und auf dem internationalen Währungsmarkt entschieden. Mittlerweile sind 98 Prozent aller internationalen Währungtransaktionen von einer Währung in eine andere spekulativ, nur zwei Prozent hängen mit echten Export- und Importgeschäften zusammen. Spekulieren bedeutet schnelles Kaufen und Verkaufen – auch von Währungen – in der Hoffnung, bei Wertschwankungen ein Geschäft machen zu können. Momentan ist die Spekulation völlig aus der Kontrolle geraten und immer mehr Experten befürchten, dass dadurch ein Zusammenbruch des gesamten Geldsystems droht.

Für den internationalen Handel ist das eine ziemlich mühsame Angelegenheit, denn er muss auch jeden Tag seine Preise anpassen. Dadurch wechseln die Einnahmen stark. Deswegen hat sich die Europäische Union (EU) vor einigen Jahren auf die Einführung einer einheitlichen Währung geeinigt, den Euro. In der EU gibt es 15 Mitgliedsstaaten, von denen elf mitmachen. Sie werden auch Euroland genannt. Eines der erklärten Ziele war es, in den Mitgliedsländern ein europäisches Bewusstsein zu stützen.

Am Ende dieses Kapitels beantworte ich dir die wichtigsten Fragen zum Euro, die Deutschland derzeit noch am meisten bewegen. In einiger Zeit wird das alles nicht mehr von Interesse sein, weil sich alle Welt an das neue Zahlungsmittel Euro gewöhnt haben wird. Wir wissen ja schon von unseren Erkenntnissen über Papiergeld oder Chip-Geld, dass wir Menschen dazu neigen, uns eine Weile lang vor Neuem oder Unbekanntem zu fürchten.

GELD – HEIMLICHE WELT-REGIERUNG

Diese so genannten Devisenmärkte, die sich auf globaler Ebene abspielen – sind zu einer heimlichen Regierung der Welt geworden, die im Hintergrund die Fäden zieht. Alle Regierungen der Welt werden heute von den globalen Devisenmärkten finanziell kontrolliert. Denn die so genannten Devisenhändler bei Banken, Finanzunternehmen, Brokerhäusern und Versicherungen kaufen Devisen – also Währungen –, wenn ihnen dieses günstig erscheint, und verkaufen sie wieder, um damit Gewinn zu erzielen. Sie schaufeln ständig riesige Beträge von einer Währung in die nächste – je nachdem, wo sie sich auf die Schnelle am meisten Profit erwarten. Dass das einen Staat nicht kalt lässt, liegt auf der Hand. Die Zeitschrift *Business Week* schreibt: »In diesem neuen Markt [. . .] können in Sekundenschnelle Milliarden in eine Volkswirtschaft hineinströmen oder aus ihr abfließen. Die Macht des Geldes ist so groß geworden, dass in den Augen mancher Beobachter das › heiße Geld‹ (Summen, die rasch von einem Land in ein anderes verschoben werden können) so etwas wie eine Schatten-Weltregierung geworden ist – und die Vorstellung von der Souveränität des Nationalstaats ein für alle Mal ausgehöhlt hat.«[2]

Die Verantwortlichen in den Zentralbanken werden zunehmend nervös, denn auch sie können sich der starken Konkurrenz der Devisenmärkte nicht entziehen und werden von ihr teils in ihrer Existenz bedroht. Heute könnten sämtliche Reserven aller Zentralbanken zusammengenommen an einem einzigen normalen Handelstag mit einem Schlag verspekuliert werden. Das bedeutet: kompletter Absturz. Das bereitet vielen Menschen zunehmend Sorge. Selbst die ausgekochtesten Spekulanten fürchten einen baldigen Zusammenbruch dieses Systems.

GELOBT SEI, WAS HART IST

Eine funktionierende Geldwirtschaft setzt voraus, dass Geld eine Wertsicherungsqualität hat, dass es stabil beziehungsweise »hart« ist. Was mit »Härte« gemeint ist, sind Beständigkeit, Sicherheit, Verlässlichkeit und Dauerhaftigkeit. Eine harte Währung ist Geld, das dauerhaft etwas zur Zahlung und zur Wertsicherung taugt – und zwar auch im Ausland. Mit anderen Worten: Das Vertrauen in den beständigen Wert einer Währung muss da sein und auch langfristig erhalten bleiben. Das hat man wie gesagt früher dadurch zu erreichen versucht, dass man den Nennwert des Geldes durch einen realen Gegenwert in Gold oder anderen Edelmetallen deckte. Das sollte wie eine natürliche Bremse wirken, damit nicht einfach nach Lust und Laune Geld gedruckt werden konnte. Denn das kostet ja fast nichts. Und es gab und gibt immer wieder skrupellose Menschen, die da keinerlei Bedenken hatten oder haben.

Wer garantiert uns denn heute, dass unsere Währung »hart« ist und bleibt? Bei uns ist das vor allem die Bundesbank und die Bereitschaft von Regierung, Staat und Volk, sich an gewisse Regeln zu halten. Die Europäische Zentralbank hat die Rolle der Bundesbank übernommen und erfüllt in Sachen Euro die gleichen Pflichten und Kontrollen wie die Bundesbank für die Mark.

Dass Währungen als unterschiedlich hart gelten, ist auf die allgemeine Erfahrung zurückzuführen. Die unterschiedlich guten Währungen sind – so malte es vor einiger Zeit das Wissenschaftsmagazin P. M. aus – mit den Bewohnern eines mehrstöckigen Hauses vergleichbar. Und es hängt von dem Vertrauen in die Leistungsfähigkeit des Landes und in die Stabilität des Geldes ab, in welchem Stockwerk eine Währung »wohnt«.

Im Keller haust die Gruppe der »underdogs«. Solche Währungen sind nicht einmal im eigenen Land gut angesehen und werden oft durch fremdes Geld verdrängt oder ersetzt. Dazu gehörte – man muss es leider sagen – die Währung der ehemaligen DDR oder heute der Russische Rubel.

Im Erdgeschoss befinden sich Währungen, die nur eine nationale Bedeutung haben. Die sind nicht konvertibel, weil im Ausland keiner an ihnen ein Interesse hat. Das könnte zum Beispiel die Währung Nordkoreas betreffen. Nach dem Zweiten Weltkrieg gehörte auch die Währung der Bundesrepublik dazu, als die Mark noch nicht so stabil und anerkannt war. Als Deutschland durch das so genannte Wirtschaftswunder reicher wurde, gewann die Mark internationale Anerkennung und wurde auch im Ausland immer beliebter. Die Mark konnte also in ein höheres Stockwerk umziehen. Wie im »echten Leben«, wenn jemand es zu etwas gebracht hat.

In den mittleren Etagen wohnen die so genannten konvertierbaren Währungen. Diese Währungen kann man uneingeschränkt kaufen und verkaufen. Mit ihnen wird auch in anderen Ländern gehandelt. Dennoch spielen sie im internationalen Geschäft keine besonders große Rolle. Dazu gehören etwa der Australische Dollar und der Kanadische Dollar.

In der obersten Etage thronen die Stars unter den Währungen. Sie werden

von anderen Ländern als Reserve- oder Leitwährung gehalten. Eine Leitwährung übernimmt die Führungsrolle in einem Währungssystem, und
zwar weltweit. Zu Beginn des letzten Jahrhunderts (bis zur Weltwirtschaftskrise) war es das britische Pfund Sterling und nach dem Zweiten Weltkrieg
der US-Dollar.

Nun liegt aber auch eine gewisse Verführung in dieser Führungsrolle: Das
Land kann sich in seiner eigenen Währung verschulden, weil es vom Rest der
Welt Kredit bekommt. Damit hat es indirekt gewaltige Steuerungswerkzeu-
ge in der Hand. Der Einfluss des nationalen Geldbereichs geht weit über die
Landesgrenzen hinaus. Über seine Zinspolitik kann es die Kredite und Investitionen anderer Länder dominieren und damit seine eigene Wirtschafts-
konjunktur fördern.

Warum sich alles um den Dollar dreht

*Früher mussten die Zentralbanken Goldreserven als einen realen
Gegenwert zu den im Umlauf befindlichen fiktiven Geldsummen
haben. Doch dieses Prinzip wurde mehr und mehr aufgelöst. Auch
bei der langjährigen Leitwährung, dem US-Dollar.*

*Im Juli 1944 unterzeichneten die Vertreter von 45 Ländern im ame-
rikanischen Bretton Woods die erste schriftlich fixierte, weltumspan-
nende Währungsverfassung. Darin verpflichteten sich die Staaten,
ihre Währungen mit einer festen Parität an den US-Dollar zu binden
und die Vereinigten Staaten verpflichteten sich im Gegenzug, den
Dollar auf Ersuchen der Zentralbank zu jedem beliebigen Zeitpunkt
gegen Gold zu konvertieren. Und zwar zu dem festen Kurs von 35
Dollar je Unze Gold. So wurde der US-Dollar die Achse, um die sich
das gesamte Weltwährungssystem dreht. Zur Überwachung wurde
der Internationale Währungsfonds (IWF) geschaffen. 1971 – unter
anderem verursacht durch den Vietnam-Krieg – zwangen die be-
trächtlichen Dollarbestände der ausländischen Zentralbanken Präsident Nixon das Versprechen zurückzunehmen, dass der Dollar jederzeit in Gold getauscht werden könne. Dies war das Ende des realen*

Gegenwerts für eine Währung. Der Dollar ist trotzdem die Achse ge-
blieben, um die sich die Weltwährung dreht.

DER WELTFINANZPOLIZIST

Der Internationale Währungsfonds (IWF) wurde 1945 geschaffen, um die
Einhaltung des Abkommens von Bretton Woods zu kontrollieren. Er ist der
Kontrolleur der Zentralbanken rund um die Welt. Außerdem kann er Mitgliedsländern in Zahlungsschwierigkeiten Kredite gewähren aus einem Pool
von 210 Milliarden US-Dollar, die alle Mitgliedsländer dem IWF anteilig zur
Verfügung gestellt haben. Eine solche Kreditvergabe ist normalerweise an
strenge Regeln gebunden. Da kann also nicht jeder kommen und sich schnell
mal aus der Patsche helfen lassen. Die Kreditnehmer müssen ihre Disziplin
nachweisen. Das hat dem IWF den Ruf des Weltfinanzpolizisten eingetra-
gen. Die Vereinigten Staaten haben auch hier mal wieder das Sagen: Sie haben
nicht nur ein Veto-Recht bei Entscheidungen, sondern der Amtssitz des
IWF ist außerdem »eben um die Ecke« vom Weißen Haus, dem Regierungs-
sitz in Washington.

DIE WICHTIGSTEN FRAGEN ZUM EURO

Das sind die Voraussetzungen für eine harte Währung, die im Vertrag von
Maastricht zur Europäischen Währungsunion festgeschrieben wurden: geringe Inflationsrate, nicht zu hoher Kapitalmarktzins, möglichst keine Ab-
wertungen, eine nicht zu hohe Staatsverschuldung und eine vertretbare Neu-
verschuldung. Das sind Bedingungen, an denen fast alle Euroländer mehr
oder weniger zu knacken haben.

Doch über kurz oder lang – so in den nächsten zehn Jahren – wird der Euro eine echte Chance haben, eine Leitwährung zu werden, etwa wenn der
Dollar schwächelt.

Die Umstellung auf den Euro ist eine Währungsreform, die offiziell keine
ist. Die Befürworter des Euro argumentieren heute damit, dass die unter-

schiedlichen europäischen Währungen den internationalen Handel verkomplizieren und behindern. Die Zahlung in einer einzigen Währung soll den Handel erleichtern und Verluste einsparen, die sonst beim Geldtauschen anfallen. Außerdem müssen Firmen, die Geschäfte in anderen europäischen Währungen machen, keine teuren Währungsversicherungen mehr abschließen, mit denen sie bislang Wertverluste durch schwankende Wechselkurse auffangen.

Im Gegensatz zur Währungsreform von Bismarck (siehe 3. Kapitel), wo die Goldmark eine staatliche Einheit krönte, geht man beim Euro den umgekehrten Weg: Man schafft erst eine Einheitswährung und hofft, dass diese dann auch die unterschiedlichen Völker eint. Der portugiesische Ministerpräsident Antonio Guterres schwärmt: »Auf diesem Fels werden wir unser Europa bauen!« Es wird das erste Mal in der Geschichte sein, dass mehrere Nationen gleichzeitig ihre unterschiedliche Währung zu Gunsten einer gemeinsamen völlig aufgeben. Das empfinden wir als aufregend und beängstigend zugleich.

SEIT WANN IST DER EURO DA?

Seitdem die so genannte dritte Stufe der Europäischen Währungsunion (EWU) am 1. Januar 1999 in Kraft getreten ist, ist der Euro in Deutschland und ganz Euroland neben der Landeswährung – also in Deutschland die D-Mark – die offizielle Währung. Die anderen Euroländer sind Belgien, Spanien, Frankreich, Irland, Italien, Luxemburg, Niederlande, Österreich, Portugal und Finnland. Jetzt kann der Zahlungsverkehr wie Banküberweisungen in Euro abgewickelt werden. Staatsanleihen werden in Euro ausgegeben und Aktien in Euro notiert.

Warum musste die alte Währung aufgegeben werden?

Das ist eine politische Entscheidung, mit der viele Bürger in allen Teilnehmerländern sich noch nicht durchweg angefreundet haben. Viele deutsche Politiker und Unternehmer haben sich engagiert für den Euro eingesetzt: Deutschland hat in den vergangenen Jahren immer wieder erlebt, wie negativ sich schwankende Wechselkurse für die Wirtschaft auswirken. Von 1972 bis 1998 stieg der Wert der Mark gegenüber den Währungen der Nachbarländer in Europa um das 2,5fache. Die deutsche Wirtschaft geriet dadurch ins Hintertreffen, weil deutsche Waren im Ausland zu teuer wurden. Ein fester Wert des Euro kann dies auffangen.

Was bedeutet es, wenn der Euro stark oder schwach ist?

Durch starke Währungen wird es billiger, Waren aus anderen Ländern zu importieren oder dort Ferien zu machen, aber sie machen es dem Exporthandel des Landes schwerer. Eine schwache Währung bewirkt das Gegenteil: Importe und Auslandsferien werden teuer, gleichzeitig geht es dem Exporthandel besser. Bei schwankenden Währungswerten gibt es also immer Gewinner und Verlierer.

Doch für Otto NormalverbraucherIn wird durch eine starke Währung die weltweite Kaufkraft im Allgemeinen größer, deswegen ist eine starke Währung beliebter als eine schwache.

Wenn eine Währung schlecht steht, verdienen die Menschen oft im Vergleich zu denen in anderen Ländern auch weniger – einfach weil ihr Geld weniger wert ist und die Importe aus dem Ausland teurer werden. Mit dem Euro bemerken die meisten Bürger gar nichts, weil die Preise zwischen allen Teilnehmern des Eurolands einigermaßen stabil sind. Für all diejenigen, die sparen wollen, ist es natürlich besonders wichtig, dass ihr Geld eine gewisse Stabilität aufweist. Man geht jedoch davon aus, dass der Euro international langfristig eine recht stabile Währung wird.

WAS BEDEUTET DER EURO IM ALLTÄGLICHEN?

Seit der Einführung des Euro am 1.01.1999 sind die Wechselkurse der Teilnehmerländer untereinander fest und fix. Der Kurs ändert sich nicht mehr. Ein Euro sind 1,95583 Deutsche Mark und wird es bleiben. Das soll allen Ländern die gleichen Wettbewerbsbedingungen bescheren. Außerdem ist es bequemer, wenn man in ein anderes Euroland reist: Die Wechselkurse stehen immer fest. Das heißt, dass man sich fest darauf verlassen und dies auch einplanen kann. Banknoten und Münzen sind seit Anfang 2002 im Umlauf. Ende Februar 2002 wurden die D-Mark und die anderen europäische Währungen zu Grabe getragen. Dann taugen sie nur noch etwas als Sammlerstücke.

WER PASST AUF DEN EURO AUF?

Das macht die Europäische Zentralbank, kurz die EZB. Entscheidungsgremium ist wie bei der Bundesbank der Zentralbankrat, der EZB-Rat. Ihm gehören die Notenbankpräsidenten der teilnehmenden Länder und das EZB-Direktorium an. Der EZB-Rat legt die Leitlinien fest, das Direktorium setzt sie um. Die vorrangige Aufgabe des EZB ist es, den Euro und die Preise zu stabilisieren.

6. E-Mail

To: sylvie@home.de
From: bernard@futuremoney.de

Chère Sylvie,
hast du dir schon mal überlegt, was passiert, wenn jeder betroffene
Mensch bei der Einführung des Euro, einen kleinen Teil der alten
Währung zu Erinnerungszwecken behalten hat? Wenn etwa jeder
Deutsche einen Teil von Münzen und Scheinen aufgehoben hat,
beispielsweise, um sie später seinen Enkeln zu zeigen oder in der
Hoffnung, sie später als Sammlerstück teuer versilbern zu können,
dann verschwänden aus dem deutschen Geldkreislauf sage und
schreibe rund 150 Miliarden Mark. Ist das nicht unglaublich? Das
sind mehr als die Hälfte des Bargeldes, das derzeit in Deutschland
im Umlauf ist. Hat jeder nur einen »Hunni« behalten, sind das auch
schon acht Milliarden Mark, die aus dem Kreislauf verschwinden.

In diesem Sinne: Immer raus mit den Schlafmünzen . . .
Viele Grüße
Bernard

Teste deinen Geld-IQ

5. Frage: Jedes Land hat seine eigene Währung mit einem
wechselnden Wert. Wer macht Gewinn in einem Land,
wenn die Währung schwächer wird und damit im Wert
gegenüber den Währungen anderer Länder sinkt?

a   Niemand
b   Unternehmen, die aus diesem Land exportieren.
c   Leute, die im Ausland Ferien machen.

6 | DER BÖRSENZOO

DIE WELT VON BÄR UND BULLE

Geld, das schläft, sündigt – sagt der vermeintliche Branchenkenner und legt sein Geld an, damit es ihn möglichst schnell ziemlich reich macht. Wer mit Geld Geld verdienen will, kann es als Spargeld in verschiedenen »Anlageformen« bei der Bank deponieren. Das ist ziemlich sicher, bringt aber nicht so rasend viel.

Viel verlockender erschien den meisten Leuten in den letzten Jahren aber der schnelle Reichtum durch Aktien. Das sind Anteile an einer bestimmten Firma, die man an der Börse kaufen kann. Die Ursprünge der Aktie reichen weit zurück. Schon die antiken Phönizier kannten sie. Und im 13. Jahrhundert waren Aktien in Venedig und Genua bereits eine beliebte Geldanlage für jedermann.

Heute wird in der Regel ein Börsenmakler oder ein Wertpapierspezialist bei der Bank beauftragt, sich um Aktien zu kümmern. Viele haben diese Form der Geldanlage aber auch als Hobby für sich selbst entdeckt und verwalten ihre Aktien von zu Hause aus über den Computer. Aktien werden an der Börse gehandelt, hier treffen Kaufabsichten und Verkaufsabsichten aufeinander. Das Wort Börse stammt vom flämischen Wort »Beurze« ab. Es ist der Name der Familie, die im mittelalterlichen Brügge ein Haus am großen Markt besaß, in dem Geldhändler oder – moderner – Börsenmakler erstmals aufeinander trafen. Während sie früher noch real aufeinander trafen und ein Riesen-Tohuwabohu veranstalteten, geht heute vieles ruhiger vonstatten, aber nicht weniger schnell, weil via Computer gehandelt wird.

Aus Angebot und Nachfrage wird unter anderem der Kurs ermittelt, zu dem die einzelne Aktie gehandelt wird – das heißt, was man als Käufer dafür bezahlen muss und was man als Verkäufer dafür bekommt. An den Börsen der Welt werden jeden Tag Billionensummen umgesetzt.

Bullen und Bären

Die beiden starken Tiere sind an der Börse Wahrzeichen für Optimisten und für Pessimisten. Die Optimisten (Bullen) rechnen mit steigenden Kursen, die Pessimisten (Bären) eher mit fallenden. Woher diese Wahrzeichen kommen? Es gibt viele abenteuerliche Entstehungsgeschichten. Eine davon ist diese: Im 19. Jahrhundert führten England und Russland einen blutigen Krieg gegeneinander, den so genannten Krimkrieg. An der Londoner Börse sagte man über die Optimisten, die an einen Sieg Englands glaubten, sie setzten auf »John Bull« – dieser Name ist das Symbol für einen typischen Engländer. Die Pessimisten setzten auf den Bären, das Symbol für Russland. So standen sich Bulle und Bär gegenüber – wie heute als Statuen vor der Börse.

EINE BÖRSE, DIE SCHWINDEL ERREGT

Die aktuellen Börsenkurse kannst du heute in der Zeitung lesen, im Fernsehen ermitteln oder dir aus dem Internet holen. Ob es an der Börse gut oder schlecht steht, siehst du am so genannten Index – das ist der Mittelwert eines Korbs mit den wichtigsten Aktien. In Deutschland heißt der Index DAX –

Deutscher Aktienindex. Bei der amerikanischen Börse heißt er Dow-Jones-Index. Der Index der japanischen Börse wird Nikkei-Index genannt. Der Index des so genannten Neuen Marktes heißt in Deutschland Nemax, in den USA ist es der NASDAQ.

Viele Unternehmen sind erst in den letzten Jahren an die Börse gegangen, um sich gewissermaßen selbst zum Verkauf zu stellen. Das betrifft vor allem Internet- und Computerfirmen, die zu den Wachstumsbranchen zählen. Sie haben diesen Börsenboom mit ausgelöst. Das Geld, das ihnen aus dem Verkauf der Aktien zufließt, können die Unternehmen verwenden, um ihren wirtschaftlichen Erfolg auszubauen. Der neue Gewinn wird unter den Aktionären, also den Mitbesitzern oder Anteilseignern, aufgeteilt. Wenn viele andere Menschen dann ebenfalls solche Aktien erwerben wollen, weil sie so gewinnträchtig sind, aber keine mehr da sind, steigt der Wert der einzelnen Aktie. Jetzt könnten die Aktienbesitzer ihre Aktien teurer verkaufen, als sie sie eingekauft haben, und damit einen prächtigen Gewinn machen. Die Kunst besteht nämlich darin, Aktien billig zu kaufen und teuer zu verkaufen. Da aber viele Unternehmen, die in letzter Zeit an die Börse gegangen sind, den Mund zu voll genommen haben und den Aktienkäufern zu viel versprochen haben, kann das ganze Geschäft auch nach hinten losgehen. Mit Aktien kann man zwar unter Umständen recht viel Geld verdienen, aber genauso gut kann man alles verlieren. Und genau das ist vielen kürzlich passiert.

Stichwort: Neuer Markt

Der Neue Markt wurde am 10. März 1997 gegründet. Ziel ist es, so genanntes Risikokapital für Firmen aus den Wachstumsbranchen bereitzustellen. Er orientiert sich an der amerikanischen Computerbörse NASDAQ, die 1971 als weltweiter erster vollelektronischer Marktplatz für Aktien der Computer- und Softwarebranche gegründet wurde. Zum Schutz der Anleger gelten am Neuen Markt schärfere Vorschriften als im normalen amtlichen Handel. Von den notierten Unternehmen wird mehr Transparenz erwartet als von

*den im Deutschen Aktienindex DAX erfassten Firmen. So müssen
alle Veröffentlichungen – die Ad-hoc-Mitteilungen genannt werden – in Deutsch und in Englisch vorgelegt werden. Ende 2000 ent-
fiel die Hälfte der gesamten Marktkapitalisierung aller europäischen Wachstumsbörsen (in denen also der Neue Markt vertreten
ist) von 230 Milliarden Euro auf den Neuen Markt in Deutschland.
Der Börsenwert der gelisteten Unternehmen beträgt 115 Milliarden
Euro.*

BÖRSE: IMMER MUNTER RAUF UND RUNTER

Im Frühjahr 2001 war der Börse ein Phänomen zu Eigen, das Fachleute mit dem Wort »Massenhysterie« bezeichnen. Wir kennen sie ja auch von Pop-konzerten: Wenn eine besonders beliebte Gruppe auftritt, schreien sich die Massen die Seele aus dem Leib, weil sie es kaum fassen können, dass die so bewunderten Stars ihnen zum Greifen nahe sind. Vor allem Mädchen kön-nen sich dabei aufregen, dass sie wie die Fliegen in Ohnmacht fallen.

Rohstoffe, Fertigwaren, Land, Gebäude, Gold, Geld . . . alle waren einmal Objekte des Massenwahns. Selbst holländische Tulpen waren einst (1637) Gegenstand eines kollektiven Kaufrausches mit anschließendem Absturzka-ter. Dieses Mal haben also Aktien vor allem des Neuen Marktes ein Spekula-tionsfieber mit epidemischen Ausmaßen ausgelöst. Absturz inbegriffen, denn viele dieser Hightechnologie-Firmen der »New Economy«, die die »Old Economy« (also die traditonellen Firmen) überflügeln wollten, produ-zierten nichts als heiße Luft.

Einmal Reichtum und zurück – so nannte eine Zeitung dieses Phänomen. Die Hysterie an den Börsen brachte selbst Hobby-Spekulanten über Nacht riesige Gewinne und entfachte eine Gier bei Otto Normalverbraucher, die jeglicher Beschreibung spottete. Und sie machte viele genauso schnell wieder arm. Millionen Deutsche haben ihren Ausflug an die Börse teuer bezahlt. Vor allem die Kleinanleger haben das Nachsehen, mit den Traumgewinnen ist es vorerst vorbei. Die Erwartungen der meisten Anleger im Kaufrausch waren ohnehin völlig überzogen. Die Börse ist nämlich kein Paradies, in dem es von willigen Dukateneseln nur so wimmelt.

FASTENZEIT AN DER BÖRSE

Die Börse ist ein Schlachtfeld – genauso martialisch und grausam – schrieb eine Zeitung kürzlich: »Mit dem einzigen Unterschied: Gekämpft wird mit Geld statt mit Waffen.« Das Geschehen an der Börse wurde Anfang des Jahres 2001 kurz und bündig mit dem Wort »Blutbad« umschrieben. Denn es gab wochenlang und weltweit nur einen Trend: den nach unten.

Nun ist auch das nichts Neues. In den vergangenen 300 Jahren, seitdem wir unser konventionelles Fiat-Geld benutzen, gab es tatsächlich ein Auf und Ab von Boom und Crash durchschnittlich alle zehn bis 15 Jahre irgendwo in der Welt. Solche Massenhysterien haben, wie man inzwischen weiß, ein festes Ablaufmuster:

1. Die Aufbauphase: Auf einem bestimmten Markt steigen langsam aber sicher die Preise – sagen wir mal auf dem Markt für Biotechnologie. Einige bemerken das und kaufen sich dort ein. Wenn das ruchbar wird, sprechen Experten von großen Gewinnchancen.

2. Die Anheizphase: Immer mehr Menschen hören von dem »unglaublichen« Gewinnpotenzial der Biotechnologie. Erst investieren die Experten, dann die Laien und dann sogar Menschen oder Firmen aus dem Ausland. Die Preise steigen, dass einem nur schwindelig werden kann. Wer noch nicht gekauft hat, fühlt sich nun wie das letzte Landei und stürzt sich ebenfalls mit ins Getümmel.

3. Die Panikphase: Die Stimmung schlägt plötzlich um, vielleicht weil ein negatives Gerücht oder eine negative Information die Runde macht. Die Kaufhysterie wandelt sich um in eine Verkaufshysterie. Jeder versucht noch schnell seine Aktien wieder loszuwerden, solange es noch möglich ist. Die Preise stürzen in den Keller.

4. Die Scherbenhaufenphase: Bankrotte, Konkurse, finanzieller Ruin

und Verzweiflung, wohin man nur schaut. Nach einer Weile normalisieren sich die Preise wieder. Auch die Stimmung rückt wieder auf »Normalnull«. Staat und Experten sammeln die Scherben auf und versuchen sich einen Reim daraus zu machen. Dann führen sie Regeln ein, um eine solche Entwicklung künftig zu vermeiden. Doch dass so etwas wieder passiert, ist so sicher wie das Amen in der Kirche. Dann ist es halt eine andere Sau, die durchs Dorf getrieben wird. Warum das so ist, haben allerdings selbst die Fachleute bislang nicht wirklich begriffen.

Logischerweise fürchten Regierungen einen finanziellen Crash wie der Teufel das Weihwasser, denn sie werden als Erste dafür verantwortlich gemacht. So manches Regime musste schon von seiner Regierungsmacht lassen, weil es just zum Zeitpunkt des Absturzes an der Regierung war.

Zeit(ungs)zeugen: Panik an der Börse – Das Schiff sinkt
»Die Welt« notierte am 23. März 2001: »An den Börsen macht sich Panik breit. Aktien im freien Fall: An den Börsen herrscht weltweit Untergangsstimmung. Die Kurse vieler Aktien befanden sich im freien Fall. Es herrschte ein Ausverkauf. ›Es gibt keine Käufer, alle haben Angst‹, beschrieb ein Händler das Geschehen.«
Unter der Überschrift »Waiting for the other shoe to drop?« war in der »New York Times« am 25. März 2001 Folgendes zu lesen: »Kann es noch schlimmer werden? Das ist die Frage, die sich Investoren in zwei der schlimmsten Wochen in der Geschichte der Aktienmärkte stellten.«
Auch die lokalen Zeitungen in Deutschland berichteten über das Ereignis. So notierte die »Eckernförder Zeitung« am 23. März 2001: »Weltweite Panik an den Börsen: Die Angst vor einem Konjunktureinbruch in Europa durch die Schwäche der US-Wirtschaft sorgen für immer massivere Kursverluste an den Aktienmärkten. Der deutsche Aktienindex DAX brach gestern um 4,16 Prozent auf 5388 Punkte ein. Der Nemax fiel um 6,66 Prozent auf 1450 Punkte. Auch der Euro gerät massiv unter Druck. Aktien aller Branchen kamen gestern rund

um den Globus unter die Räder. Trotz Zinssenkung der US-Zentralbank Fed ging der Ausverkauf ungebremst weiter.«

Das »Flensburger Tageblatt« schrieb am gleichen Tag: »Schlimmer geht's nimmer: Aktienbesitzer gehen derzeit durch die Hölle. Das Börsenschiff sinkt schneller als die Titanic. Längst sind es nicht mehr allein die Werte am Neuen Markt, die dramatische Kursverluste hinnehmen müssen. Der große Ausverkauf hat jetzt auch bei den vermeintlich »sicheren« Standardwerten im DAX begonnen. Ob Auto-, Finanz-, Versicherungs- oder Chemietitel – quer durch alle Branchen und ohne Rücksicht auf Unternehmenszahlen rollt die (Kapital-)Vernichtungsmaschinerie an der Börse. Täglich werden Milliarden vernichtet und damit zugleich die Spargroschen vieler Kleinanleger.«

WALL STREET STATT DISSE UND PARTY TOTAL

Jugendliche, die an der Börse zocken, sind in den USA längst keine Seltenheit mehr. Es gibt sogar schon einen eigenen Verein für sie, den Kinder-Investment-klub. Finanzunternehmen und Banken überschlagen sich, um die Kids als Anleger zu gewinnen. Denn es gibt bei ihnen viel zu holen: Schätzungsweise haben sie über 150 Milliarden Dollar auszugeben im Jahr. Das altehrwürdige *Wall Street Journal* gibt seit einiger Zeit sogar eine Kids-Ausgabe seines Blattes heraus. Übrigens die beliebtesten Aktien im Kinder-Investment-klub sind McDonald's und Heinz Ketchup.

Eine andere Gelegenheit für US-Kids ist das »Kids Money Management Camp«. Hier können sie während ihrer Ferien lernen, wie man sein Geld an der Börse gut anlegt, wie Aktien funktionieren und wie man richtig spekuliert, kurz: wie man aus Geld noch mehr Geld macht. Die Kids diskutieren und analysieren die Kurse an allen wichtigen Weltbörsen, spielen verschiedene Transaktionen durch – vorläufig noch mit Spielgeld aus Schokolade.

Ob es junge Menschen gegen einen weiteren Crash immun macht und mit besserem Rüstzeug versieht, wenn sie in ihrer Jugend bereits einen erlebt haben? Ich hoffe es!

7. E-Mail

To: sylvie@home.de
From: bernard@futuremoney.de

Chère Sylvie,
ich schreibe dir von der Wall Street, der berühmtesten Börse der
Welt an der Wall Street in Lower Manhattan, New York. Ich sage dir,
hier geht es zu wie auf einem orientalische Basar, aber einem Basar, wo alle nur verkaufen und keiner kaufen will. Noch letzte Wo-
che habe ich im »Spiegel« (8/2001) gelesen: »Der Kursrutsch an
den Börsen offenbart die Schwächen der deutschen Aktienkultur.
Während die Banken Rekordgewinne einfahren, sind Privatanleger
gegen Kursmanipulationen und Täuschung kaum geschützt. Der
Staat überlässt die Börsenaufsicht weitgehend den Börsianern.«
Erinnere dich, ich erklärte dir unlängst, dass die Politik nicht mehr
den Geldmarkt bestimmt, sondern umgekehrt. Was gestern richtig
war, kann heute falsch sein. Wenn Aktienkurse ins Unermessliche
steigen, weiß eigentlich jedes Kind, dass dies nicht so weitergehen
kann. Bäume wachsen nicht in den Himmel, lautet eine alte Volks-
weisheit.

In diesem Sinne: Bloß nicht auf dicke Tasche machen . . .
Au revoir
Bernard

Teste deinen Geld-IQ

6. Frage: War der Börsencrash im Jahr 2001 ein Präzedenzfall?

a   Ja
b   Nein, so etwas passiert häufiger.
c   Nein, denn die Massenhysterie gibt es schon seit über 350 Jahren
     und führt in regelmäßigen Abständen zu *bubbles* und *crashes*.

7 | SCHEIDUNG VORPROGRAMMIERT

ALTER, ARBEIT FÜR ALLE, GESUNDE UMWELT UND WACHSTUM

Nicht nur die Börse ist im Sinkflug. Auch die Lage auf dem Arbeitsmarkt ist katastrophal. Davon möchtest du sicher nicht besonders gerne etwas hören. Doch leider trifft Jugendliche und Frauen die Arbeitslosigkeit am häufigsten. Außerdem ist die Situation auf dem Arbeitsmarkt ein Problem, das deine Generation wohl noch lange beschäftigen wird. 14 Millionen Arbeitslose gibt es derzeit in Europa und gerade Deutschland tut sich besonders schwer mit der Krisenbewältigung. Etwa 700 Millionen Arbeitslose zählen wir weltweit.

Die wesentlichen Fragen, die vor allem deine Generation betreffen und die mit dem sich verändernden Geldwesen in enger Verbindung stehen, will ich dir im Folgenden einmal darstellen. Ich hoffe, du erträgst das. Durchhalten lohnt sich. Denn in Kapitel 9 werde ich dir aufzeigen, dass es auch Lösungsmöglichkeiten gibt. Um folgende vier Kernfragen geht es:

1. Wie können wir Milliarden von Menschen einen Lebensunterhalt bie-

ten, wenn der technische Fortschritt immer weniger neue Arbeitsplätze schafft?

2. Wie bringen wir das Geld auf, um der wachsenden Schar der Senioren einen angemessenen Lebensstandard bieten zu können?

3. Wie schaffen wir es, den Konflikt zu lösen zwischen kurzfristigen Interessen und einer notwendig langfristigen Wirtschaftsweise, die Klima und Artenvielfalt unter ihre Fittiche nimmt, damit sie sich nicht weiter zum Nachteil verändern?

4. Wie können wir uns auf eine mögliche drohende Währungskrise vorbereiten?

>*Die modernen Krisen sind vom Menschen geschaffen und unterscheiden sich von vielen früheren Krisen dadurch, dass sie bewältigt werden können.*«
Zweiter Bericht an den Club of Rome[3]

WARUM MAN BEI DER VOGEL-STRAUSS-TAKTIK NUR DAS HINTERTEIL SIEHT

Wer denkt schon gerne ans Alter? Junge Menschen in deinem Alter garantiert nicht. Aber soll ich dir mal etwas verraten!? Menschen in meinem Alter erst recht nicht. Dazu ist es viel zu nah. Wenn ich daran denke, dass ich selbst in deinem Alter gedacht habe, spätestens mit 25 Jahren wäre man scheintot, ab 30 müsste jemand nachhelfen und einen so alten Knacker zu den Radieschen befördern. Du liebes bisschen, jetzt bin ich fast doppelt so alt. In meiner Generation freuen sich viele echt schon auf ihr Rentenalter. Nur noch in der Sonne sitzen – vielleicht in Südfrankreich, Kalifornien oder Australien –, derweil deine Generation hübsch für die Rente arbeitet!

Was sie die steigende Zahl der alten Menschen angeht, wollen die meisten jungen Menschen wissen. Wer glaubt, ihn ginge das gar nichts an, macht die Vogel-Strauß-Taktik und steckt den Kopf in den Sand. Das löst aber keine Probleme und sieht auch nicht gut aus, denn man sieht dann ja nur den Hintern . . . Früher wurden die Menschen nicht alt. Stell dir das vor: Zu vielen Zeiten wurden sie durchschnittlich nur wenig älter als ihr heute seid, nämlich zwischen 18 und 20 Jahren. Krankheiten und Seuchen rafften sie dahin. Mütter und Kinder kamen häufig bei der Geburt und im Kindbett ums Leben. Als Bismarck Ende des 19. Jahrhunderts die Idee der Rente fürs Alter aufbrachte, wurden die Deutschen durchschnittlich 48 Jahre alt. Heute liegt die Lebenserwartung bei weit über 70 Jahren. Für Frauen liegt sie heute sogar schon bei etwas über 80 Jahren, bei Männern bei 76 Jahren, Tendenz steigend. Wer heute das Rentenalter von 65 Jahren erreicht, hat gute Chancen, noch rund 20 Jahre zu leben.

Diese rasante Entwicklung wurde möglich durch mehrere Verbesserungen des täglichen Lebens: Eine bessere Hygiene und Ernährung sowie die beeindruckenden Fortschritte der Medizin haben dazu geführt, dass wir alle heute eine wesentlich höhere Lebenserwartung haben. In nur 20 Jahren wird einer von fünf Bundesbürgern im Rentenalter sein, zehn Jahre danach ist es schon jeder vierte. Auch das wird die Weltwirtschaft und die Weltpolitik verändern. So einen Prozess hat es weltweit noch nie gegeben.

Das vorrangige Problem dabei ist, dass derzeit niemand weiß, wie die Renten der Senioren bezahlt werden sollen, denn es existieren keine Rücklagen. Die eingezahlten Rentenbeiträge derjenigen, die jetzt arbeiten, werden an die Rentner von heute ausbezahlt. Auch wenn deine Generation voll in Lohn und Brot steht, wird es so sein. Und die Situation wird sich weiter zuspitzen, denn die Alterslawine rollt und rollt. Grob gerechnet, kommen heute in Deutschland zwei Erwerbstätige auf einen Rentner. In dreißig Jahren etwa kommt nur ein Erwerbstätiger auf einen Rentner.

Das Problem gibt es nicht nur in Deutschland: In den Vereinigten Staaten glauben mehr junge Leute daran, dass es »grüne Marsmännchen« gibt, als daran, dass sie jemals eine Rente von der staatlichen Altersversicherung bekommen. Das Geld, um den Lebensabend der zukünftigen Rentner zu finanzieren, ist schlicht nicht vorhanden. Finito della musica. Deshalb ist man jetzt auf der Suche nach neuen Wegen der privaten Vorsorge.

Das nächste gravierende Problem, das wie gesagt vor allem auch deine Generation betrifft, ist die Arbeitslosigkeit. In den letzten Jahrzehnten träumten wir von einer immer kürzeren Wochenarbeitszeit und einem immer früher eintretenden Rentenalter. Doch Pustekuchen: Stattdessen erlebten wir weltweit eine der schlimmsten Phasen der Arbeitslosigkeit, die auch die Länder mit eigentlich hoch entwickelten Wirtschaften ergriffen hat – etwa Europa und Japan.

Auch Deutschland ist mit fast vier Millionen Arbeitslosen davon betroffen. Die Politik verspricht ein »Bündnis für Arbeit« und einen zügigen Abbau der Arbeitslosigkeit. Die traurige Wahrheit ist jedoch, dass das nur Wortgeklingel ist. Vielleicht kann es auch gar nicht gelingen, weil die moderne Wirtschaft des Industriezeitalters die Arbeitskraft der meisten Arbeitslosen gar nicht mehr braucht. Es wird letztendlich nicht mehr Jobs geben. Für viele große Konzerne ist ein Zeitalter angebrochen, in dem es möglich ist, mehr zu verdienen, ohne neue Stellen zu schaffen. So konnten nach den Erkenntnissen eines Wirtschaftsfachmanns in den vergangenen 20 Jahren die 500 größten Konzerne der Welt ihre Produktion und ihren Absatz um sage und schreibe 700 Prozent steigern, gleichzeitig aber bauten sie Personal ab.

Bislang ging man davon aus, dass sich Arbeitsplätze bei solchen Veränderungen auch in andere Bereiche verlagern können. Doch auch das ist heute anders, Karl Marx würde sich im Grabe umdrehen: Die Bedeutung des Menschen als wichtigster Produktionsfaktor – Arbeit als Kapital – nimmt ab. Ähnlich wie die braven Zugpferde in der Landwirtschaft wird die menschliche Arbeit immer weniger gebraucht. Dazu trägt vor allem die Informationsrevolution bei, von der wir bereits gehört haben.

Ein weiteres Problem, das in Zukunft dringend gelöst werden muss: Der Mensch macht seine Umwelt kaputt – das lesen wir fast jeden Tag in der Zeitung. Die Klimakatastrophe steht nicht nur vor der Haustür, sie hat bereits an der Flurgarderobe ihren Mantel aufgehängt. Konzertierte Maßnahmen mehrerer Staaten wie die Welt-Klimakonferenz brachten wenig Erfolg. Gerade klinkten sich die USA aus dem Klima-Programm aus. Das schlagendste Argument der Kritiker: Was nützt es, wenn wir etwas tun, wenn in

China, Russland und in vielen Drittweltländern die Abgase nur so in die Luft gepustet werden?

Dennoch bleiben die Tatsachen bestehen: Die Häufigkeit der Naturkatastrophen war 1998 nach den Berechnungen der UN-Versicherungsinitiative dreimal so hoch wie in den 60er-Jahren. Als Gründe werden die Abholzung der Wälder und die Klimaveränderung genannt. Überall werden deutliche Veränderungen der Großwetterlage registriert sowie ein rascher Anstieg des Artensterbens. Ein Unterschied zum Aussterben der Dinosaurier: Dieses Mal sind die Menschen daran schuld.

Alle Ermahnungen zerschellen heute an der Mauer finanzieller Interessen und an generellem Desinteresse. Die Verantwortlichen denken nur kurzfristig – entweder an die nächste Wahl oder an den schnellen Gewinn.

Ein ebenfalls gravierendes Problem ist die Unsicherheit der Währungen, sie werden immer instabiler. Wenn nichts passiert, besteht eine große Chance, dass es in den nächsten fünf bis zehn Jahren zu einer Dollarkrise kommt, die sich zu einem Währungszusammenbruch in der ganzen Welt entwickeln könnte. Denn noch nie gab es so viele Länder, die gleichzeitig in der Krise stecken. Das haben wir am Zusammenbruch der Börse 2000/2001 gesehen. Zudem sind 98 Prozent aller Währungstransaktionen rein spekulativ, sprich: reine Geldspielerei. Und wie wir inzwischen wissen, folgt die Börse ihren eigenen Regeln: Immer munter rauf und runter.

8. E-Mail

To: sylvie@home.de
From: bernard@futuremoney.de

Chère Sylvie,
heute schreibe ich dir aus Washington. Ich bin mit dem Flugzeug hierher geflogen. Die Maschine war gestopft voll und ich fühlte mich wahnsinnig eingeengt. Zudem hatte ich das Gefühl – wie in einem alten Film, den ich mal gesehen habe –, in einer Zeitkompressionsmaschine zu stecken: ein immer größer werdender Druck von außen bei einer immer schneller werdenden Geschwindigkeit.

Plötzlich hatte ich eine Vision: Ich glaube, wir stecken alle in einer Zeitkompressionsmaschine. Stell dir das vor wie einen Schraubstock, bei dem an vier verschiedenen Kolben geschraubt wird. Alle drehen sich auf dasselbe Ziel zu – im Jahr X werden sie aufeinander treffen und uns allen die Luft zum Atmen nehmen. Diese vier Kolben sind vier Megatrends von heute: die immer älter werdende Bevölkerung, die Veränderung unseres Klimas und das Aussterben der vieler Pflanzen und Tierarten, die Unsicherheit unserer Währung und die Tatsache, dass das Internetzeitalter immer weniger Arbeitsplätze mit sich bringt. Allen vier Trends ist gemeinsam, dass sie in den nächsten 20 Jahren zusammenlaufen und auf eine immer noch ungelöste Geldfrage stoßen werden. Wie wir das lösen können? Ich hab da eine Idee.

In diesem Sinne: Und morgen verraten wir die Auflösung des Knotens ...
Dein Bernard

Geld im Zentrum der Zeitkompressionsmaschine

Wie können wir uns auf eine mögliche Währungskrise vorbereiten?

Wie wird die Gesellschaft das Geld für die alten Menschen aufbringen?

Währungsinstabilität

Überalterung der Bevölkerung

Klimaveränderung und Artensterben

Wie können wir den Konflikt zwischen kurzfristigen finanziellen Interessen und einer langfristigen nachhaltigen Wirtschaftsweise lösen?

Informationsrevolution

Wie können wir ohne zusätzliche Arbeitsplätze Milliarden Menschen einen Lebensunterhalt bieten?

99 Bernard Lietaer

Teste deinen Geld-IQ

7. Frage: Was haben die in diesem Kapitel beschriebenen vier
           Megatrends von heute gemeinsam?

a   Sie sind hauptsächlich für Europa wichtig.
b   Die Politiker reden gern darüber.
c   Sie laufen in den nächsten 20 Jahren zusammen und können mit
     unserem konventionellen Geldsystem kaum mehr gelöst werden.

8 | IM RAUSCH DER GEFÜHLE

DIE GEHEIME SOFTWARE UNSERER GESELLSCHAFT

Du glaubst, Geld sei eine neutrale Sache und dein Verhältnis zu Geld eine ganz coole Angelegenheit, so nach dem Motto: »Man hat's eben oder hat's nicht. Fertig!«? Kapitaler Irrtum: »Beim Geld hört die Freundschaft auf«, »Geld regiert die Welt«, »Geld macht nicht glücklich, aber es beruhigt!«, Geld verdirbt den Charakter!« – allein diese gängigen Redensweisen belegen, dass in unserem Verhältnis zum Geld tief drinnen doch mehr alte Erfahrung steckt, als es uns bewusst ist. Geld ist wie ein Eisberg, lediglich die Spitze ist sichtbar und wir glauben oft, dass es nur den sichtbaren Teil gibt.

Unser Verhältnis zu Geld ist auch ein Spiegel unserer Seele und ein beredtes Zeugnis unserer menschlichen Entwicklungsgeschichte. Geld ist für uns weitaus mehr als ein Zahlungsmittel. Geld ist nicht nur Geld, es erfüllt auch Gefühle und ruft welche hervor. Was wir selbst in Bezug auf Geld fühlen und wie wir uns damit verhalten, wurde uns zum großen Teil als Menschenerfahrung in die Wiege gelegt. So wie das Eichhörnchen weiß, dass es Haselnüsse sammeln muss, um durch den Winter zu kommen, weiß der Mensch instinktiv, dass er arbeiten muss, um überleben zu können. Und dieses Arbeiten ist seit der Entstehung von einheitlichen Zahlungsmitteln für uns mit Geld verbunden. Geld war immer etwas Knappes, etwas, das einige hatten und andere nicht, etwas, für das die meisten Menschen immer und ewig arbeiten müssen. Dieses unbewusste Wissen »schlummert« auch in unseren Erbinformationen, es ist gewissermaßen ein Teil unserer menschlichen Software.

Aber auch unsere Erziehung spielt natürlich eine große Rolle: Wenn beispielsweise Geld auf der Hitliste der Eltern höher steht als Mitmenschlichkeit, Ehrlichkeit, Wahrhaftigkeit, Familie und Freundschaft, dann lernen Kinder instinktiv, dass Gegenstände wertvoller sind als Menschen und vor allem als sie selbst. Wenn Eltern Geld als Erziehungsmittel einsetzen – so nach dem Motto »Wenn du Tante Lilli nicht brav die Hand gibst oder für Oma nicht einkaufen gehst, dann bekommst du weniger Taschengeld« –, lernen Kinder, dass Geld wichtiger ist als Moral und dass man mit Geld Menschen manipulieren kann. Natürlich lernen wir nicht nur durch unsere Eltern, was wir von Geld zu halten haben. Eltern sind ja ebenso wie die ganze Familie Teil unserer Gesellschaft, die mit ihren Werten und Leitbildern – wie sie auch über die Medien vermittelt werden – Einfluss auf uns alle nimmt.

So denkt jeder an etwas anderes, wenn es um eine bestimmte Geldsumme geht: Der eine denkt daran, was für eine neue CD er sich kaufen kann, der andere an ein neues Möbelstück oder den Besuch in einer Disco, ein anderer wieder träumt von einem Urlaub in der Domrep., der Vierte denkt daran, dass er seine Oma aus dem Pflegeheim oder einen Hund aus dem Tierheim holen kann, der Nächste daran, wie er das Geld anlegen würde, um es zu vermehren. Wir statten das Geld also auch selbst mit der Macht aus, die es für uns bedeutet. Aber vieles ist auch viele Jahrtausende alt und kommt aus tieferen Instanzen von uns selbst.

Diese Bedürfnisse versuchen wir mit Geld zu stillen:
Sicherheit: Für manche Menschen bedeutet Geld Sicherheit. Sie glauben, mit Geld könnte ihnen gar nichts passieren – selbst dann nicht, wenn sie alt und einsam sind. Geld ist ihre Rettungsweste.

Psychologen sagen, dass es sich hierbei oft um Menschen handelt, die eine tiefe Angst haben, verlassen zu werden. Wer zum Beispiel als Kind das Gefühl hatte, nicht wirklich auf seine Eltern zählen zu können, der setzt später oft Geld an die Stelle von Menschen.

Macht: Manche Menschen benützen Geld, um sich Einfluss und Herrschaft zu kaufen. Damit können sie andere bestechen, kontrollieren und unter Druck setzen. Solche Menschen, sagen nun wiederum die Psychologen, haben sich in ihrer Kindheit besonders hilflos und abhängig gefühlt und sind von Wut erfüllt.

Liebe: Manchmal soll Geld auch Liebe ersetzen. Wer in der Kindheit Süßigkeiten oder Spielzeug an Stelle von Zuwendung bekam, hat nicht gelernt, dass er um seiner selbst willen geliebt wird. Diese Menschen versuchen sich dann mit Geld – etwa mit großen, zu großen Geschenken – die Liebe anderer Menschen zu erkaufen. Sie zweifeln daran, dass sie selbst liebenswert genug sind, dass man sie auch ohne Geld und Geschenke mögen könnte.

Freiheit: Andere Menschen wiederum versuchen sich Zeit zu kaufen, um tun zu können, was sie wollen. Das sind zumeist Menschen, für die ihre Eltern in der Kindheit keine Zeit und kein wirkliches Interesse aufbrachten.

MACHT GELD GLÜCKLICH?

Wir glauben, dass wir alle Wünsche und alle Problemlösungen auf Geld projizieren können. Was auch immer wir haben wollen oder lösen müssen: Geld wird es schon richten. Diese irrige Annahme ist ein Grund dafür, warum unsere Gesellschaft es für so enorm wichtig hält, dass jemand Geld hat. Das ist auch die wirkliche Antriebskraft für unsere Finanzmärkte. Der gierige Run auf die Börse wurde und wird dadurch ebenfalls entfacht. Viel Geld zu haben verbinden die meisten Menschen mit uneingeschränkter Macht und allen nur denkbaren Möglichkeiten.

Viele preisen deshalb sogar Geld als den Königsweg zum Glück. Glück kann man kaufen, sagen sie. Wenn dem so wäre, müssten wir nur Lotto spielen, den Jackpot knacken und – schwupps! – schon sind wir glücklich und alle Sorgen los! Leider sieht es in der Wirklichkeit nicht so rosig aus. Forscher haben sich Lottogewinner mal näher angeschaut und festgestellt, dass sich die reichen Gewinner eigentlich eher arm dran fühlen. Sie sind nämlich zum einen mit dem plötzlichen Reichtum überfordert, zum anderen sind sie auch meist das Geld schnell wieder los. Wer es schafft, sein Geld gut anzulegen, sich alle Wünsche zu erfüllen und nicht mehr zu arbeiten, der hat schnell ein anderes Problem: Er langweilt sich gar furchtbar und weiß nichts mehr mit sich anzufangen. Der Mensch braucht etwas, womit er sich beschäftigen, woran er arbeiten kann.

Würde Geld glücklich machen, müssten wir eigentlich alle viel mehr lachen, tanzen und fröhlich sein, denn den Menschen in Deutschland und Europa geht es – trotz der hohen Arbeitslosigkeit – finanziell heute viel besser als den Generationen zuvor. Uns geht es zu gut, um glücklich zu sein, sagen manche. Viel wichtiger für das Glück sind treue Freunde und eine tolle Familie. Und das alles können wir uns für Geld ebenso wenig kaufen wie ein sinnvolles Leben.

Was bedeutet uns Geld?

» Wir kaufen uns Sachen, die wir nicht brauchen, von dem Geld, das wir nicht haben, um Leuten zu imponieren, die wir nicht leiden können.«
Gerhard Susen, Psychohygieniker

EINE VÖLLIG ANDERE SICHT DER DINGE

Viele Menschen haben Angst vor der Erkenntnis, dass man sich für Geld die wirklich wesentlichen Dinge des Lebens nicht kaufen kann, weil sie sich davon bedroht fühlen. Neben der Angst vor Neuem liegt das meines Erachtens unter anderem in der Furcht begründet, etwas von sich hergeben und sich von Altgewohntem trennen zu müssen. In der Tat, so finde ich, müssen wir uns von etwas trennen, nämlich von einengenden Denkstilen und Denkmustern, die uns auf die falsche Fährte leiten und davon abhalten, unser ganzes menschliches Potenzial zu entfalten, unsere innere Software auch zum Einsatz kommen zu lassen. Dabei können wir von den traditionellen Harmonielehren aus dem Fernen Osten lernen.

Wir Westeuopäer neigen in unserem Denken, Reden und Handeln dazu, immer alles in Gegensätze zu fassen, d. h. schwarz-weiß zu malen. Sagen wir »kalt«, meinen wir »auf keinen Fall warm«. Aus unserer Sicht schließt Kälte Wärme aus, entweder – oder...! Wir denken dabei an etwas Statisches, nicht an etwas Fließendes. Die chinesische Philosophie, die das Prinzip von Yin und Yang entwickelt hat, lässt hingegen Gegensätze sich miteinander verweben. Die Begriffe Yin und Yang hast du sicher schon gehört, sie sind derzeit in aller Munde. In Gesundheits- und Harmonielehren wie der Akupunktur oder dem Fengshui, dem Yoga oder der Traditionellen Chinesischen Medizin (TCM) spielen sie beispielsweise eine tragende Rolle.

Yin steht für weibliche Eigenschaften, Yang für männliche. Doch die Chinesen sehen darin nicht, so wie wir, zwei gegensätzliche Dinge, sondern ein Ganzes. Yin ist bis zu dem Grad weiblich, wie Yang männlich ist und umgekehrt. Jeder von beiden existiert nur durch die gemeinsamen Berührungspunkte mit dem anderen. Der eine kann nicht ohne den anderen sein. Nur zusammen sind sie eine Einheit, ein fließendes Gleichgewicht. Der Psychologe Fritz Perls hat die ebenso schöne wie tief greifende Erkenntnis geprägt: »Das Ganze ist mehr als die Summe seiner Teile!«

Wenn wir nun versuchen die Begriffe Yin und Yang auf die Wirtschaft zu übertragen, so steht Yang für mich für unser traditionelles Währungssystem, für Geldkapital mit Konkurrenz und Wettbewerb und den Hang, von Geld »den Hals nicht voll bekommen zu können«. Yin hingegen steht für die Nachhaltigkeit und ein soziales und natürliches Kapital wie Solidarität, Frieden, Lebensqualität und eine intakte Umwelt. Beide werden gebraucht und haben ihre Berechtigung. Ich plädiere dafür, beide zu einem Ganzen zu verweben, denn das eine funktioniert nicht wirklich und nicht nachhaltig ohne das andere. Sie können und sollen sich gegenseitig regulieren und ausgleichen, damit das ganze System in Harmonie schwingt.

Wäre es nicht logisch, dass Yin und Yang jeweils durch ihre eigene Art von Geldenergie unterstützt werden?

Unser konventionelles Geld hat einen Yang-Charakter, weil es unter hierarchischer Kontrolle herausgegeben wird, weil es in erster Linie dazu dient, den Wettbewerb anzukurbeln (vgl. die Geschichte vom elften Lederstück) und weil es dazu tendiert, Reichtum zu konzentrieren.

Im Gegensatz dazu sind alle komplementären Währungen, die ich dir im nächsten Kapitel vorstellen werde, Yin-Währungen. Denn sie werden demokratisch von den Menschen selbst kreiert und niemand hat damit ein Interesse daran, den Wettbewerb und damit die Konzentration von Reichtum zu fördern. Ja, ich behaupte, dass viele unserer gesellschaftlichen Probleme darauf zurückzuführen sind, dass die Menschen immer noch daran glauben, dass das Monopol der Yang-Währung der einzig richtige Weg ist. Und auch die Geschichte hat bewiesen, dass bestimmte Zivilisationen, die ein solches duales Yin-Yang-Währungssystem benutzten, über Jahrhunderte eine Zeit des Wohlstandes etablieren konnten, insbesondere für Otto Normalverbraucher.

Übertragen auf unsere Überlegungen bedeutet das: Wer sich entschließt, ein komplementäres Währungssystem zu schaffen, das das soziale, gleichberechtigte und kooperative Miteinander der Gemeinschaft fördert und auf das Wohlergehen von Mensch und Umwelt ein Auge hält, der sollte es in Yin-Währungen anordnen. »Komplementär« bedeutet hier, dass die Währung parallel zur offiziellen, nationalen Währung läuft, ohne eben die offizielle Währung zu ersetzen. Eben so, wie komplementäre Medizin nicht die Schulmedizin ersetzt. In bestimmten Bereichen der Wirtschaft ist unsere derzeitig »normale« Yang-Währung, die den Wettbewerb fördert und Hierarchien unterstützt, hervorragend geeignet. Beide zusammen können sich als unschlagbar erweisen, denn jede Seite braucht die andere für ihre Erfüllung. Wir müssen akzeptieren lernen, dass die beiden Seiten miteinander fließen –

so wie wir begreifen müssen, dass Frauen männliche Anteile und Männer weibliche Anteile in sich beherbergen.

Nur die beiden zusammen können das schaffen, was ich integrierten Reichtum nenne. Dazu gehören Geldkapital und Sachkapital (zum Beispiel Immobilien) ebenso wie soziales Kapital (die menschliche Gemeinschaft) und natürliches Kapital (eine gesunde Umwelt) in einem ausgewogenen, sich stets an die Umstände anpassenden harmonischen Gleichgewicht.

»Natürlich ist Geld einfach und praktisch. Da es jedoch nicht verdirbt, wenn man es sammelt und aufbewahrt, legen die Menschen es beiseite, anstatt es mit anderen zu teilen, und es macht sie selbstsüchtig. Andererseits ist Nahrung der wichtigste Besitz, den ein Mensch haben kann, (. . .) aber sie lässt sich nicht aufbewahren, so ist man gezwungen sie entweder einzutauschen für andere lebenswichtige Dinge oder sie mit anderen zu teilen, ohne etwas dafür zu fordern. Ich weiß genau, was Europäer so selbstsüchtig macht . . . es ist ihr Geld.«

Zu diesem Schluss kam ein Häuptling der Insel Tonga, nachdem er das bei uns vorherrschende Geldsystem kennen und verstehen gelernt hatte.

»Bitte, komm zurück, Yin,
ich hab doch nur Spaß gemacht!«

Doch es gibt auch schon ein neuen Trend zu verzeichnen. Neben denen, die an alten und oft überholten Traditionen festhalten und Neuem gegenüber wenig aufgeschlossen sind, und jenen, die auf »Deubel komm raus« die Welt modernisieren wollen und alte Werte mir nichts, dir nichts einfach über Bord kippen, zeichnet sich eine neue Bewegung ab: die der kulturell kreativen Menschen. Ihnen liegen die inneren Werte mehr am Herzen als die äußeren. Sie sorgen sich um ihre Selbstverwirklichung, aber auch um Gemeinsinn, Ganzheitlichkeit und Umwelt. Sie versuchen ihre Yin- und Yang-Anteile ganz instinktiv stärker in Harmonie zu bringen als andere Menschen.

Man findet sie in allen Bereichen des Lebens und in so unterschiedlicher Ausprägung, dass uns kaum bewusst wird, wie stark diese Bewegung schon ist. Seien es nun Schulmediziner, die alternative Heilweisen einsetzen, Architekten, die Fengshui in ihre Überlegungen mit einbeziehen, Rechtsanwälte, die Mediationen anbieten, Naturköche oder Tischler, die ausschließlich mit Bio-Produkten arbeiten.

Viele Menschen experimentieren in vielen Bereichen mit ganzheitlichen Ansätzen – oftmals basierend auf den traditionellen Ansätzen aus dem Fernen Osten – und sind damit durchaus erfolgreich. Dadurch sind bereits kleinere und größere Netzwerke entstanden, die von niemand Übergeordnetem koordiniert werden und werden müssen, weil sich die Beteiligten selbst organisieren.

Doch noch ahnen die meisten von ihnen nicht, dass sie Teil einer revolutionären Massenbewegung sind. Fast jeder fühlt sich wie ein Einzelkämpfer. Dadurch wird leicht übersehen, wie rasch diese Gruppe derzeit anwächst. Eine Studie über Wertewandel in Amerika und Europa belegt, dass diese Gruppe kulturell kreativer Menschen angestiegen ist. Vor etwa 25 Jahren zählte nur einer von 50 Erwachsenen dazu. Heute gehört fast jeder Dritte dazu. Doch gerade das heißt uns hoffen in Sachen nachhaltiger Wohlstand. Denn das weibliche Yin-Denken, das in unser männliches Yang-Geldsystem hineinfließt, ist eine der wichtigsten Einflussgrößen dafür.

9. E-Mail

To: sylvie@home.de
From: bernard@futuremoney.de

Chère Sylvie,
ich denke, du stimmst mir inzwischen zu, wenn ich behaupte, dass
wir vor einer großen Herausforderung stehen. Zum ersten Mal bedroht unser menschlicher Kleingeist, unsere kurzfristige Denkweise
nicht nur unser Leben, sondern auch das unserer Umwelt. Ich will dir
jetzt noch etwas verraten: Ich glaube, dass Frauen einen großen Anteil an der Veränderung haben werden, wenn es darum geht, die Yin-
Energie in die Lösung einfließen zu lassen. Wir haben uns an das
männliche Prinzip der Yang-Währung so gewöhnt, dass wir es schon
fast als naturgegeben betrachten. Ja, manche Menschen können
sich gar nichts anderes vorstellen. Deshalb brauchen wir die Power
kluger Frauen, wie du eine sein wirst, um die neuen Ideen bekannt zu
machen und zum Erfolg zu führen. Ich bin darauf gekommen, dass
bislang alle erfolgreichen Yin-Währungen der Geschichte in Gesell-
schaften entstanden, in denen das Weibliche geehrt wurde und in
denen es wahrscheinlich weibliche Gottheiten gab.

In diesem Sinne: Nur zu, bonne chance!
Dein Bernard

Teste Deinen Geld-IQ

8. Frage: Hat die Art des Geldes, das in einem Tauschhandel benutzt
wird, einen Einfluss auf die Beziehung der Menschen?

a   Nein
b   Ja, in dem Fall, in dem man zwischen Yin- und Yang-Typ
     unterscheiden kann.
c   Ja, in jedem Fall.

9 | ICH TAUSCHE, ALSO BIN ICH

DAS SYSTEM DER KOMPLEMENTÄRWÄHRUNGEN

Tauschen – so sollte man meinen – gehört schon längst der Vergangenheit an. Das stimmt aber nicht. Die Menschen haben das Tauschen nie wirklich aufgegeben. Und heute gewinnt es wieder zunehmend an Bedeutung.

Überall da, wo ein Mensch etwas für einen anderen tut, ihm eine Gefälligkeit zuteil werden lässt, wird getauscht. Wir merken es nur nicht immer direkt: Papa streicht Onkel Herbert das Haus, Tante Lilli, Onkel Herberts Frau, nimmt dafür euren Hund in Pflege und gießt die Blumen, wenn ihr in die Ferien fahrt. Du reparierst Ankes Fahrrad, die schneidet dir dafür die Haare oder gibt dir zwei CDs, die sie nicht mehr hören mag. Für die CDs bekommst du bei Alex ein Computerspiel.

Das Gute am Tauschen ist, dass man kein Geld braucht. Infolgedessen kann man es auch tun, wenn man kein Geld hat. Man ist in Kontakt mit anderen Menschen und bekommt sogar Dinge, die man haben möchte.

Aus den Problemen, die ich dir bislang geschildert habe, ist – so hoffe ich – deutlich geworden, dass wir eine wirklich kreative und unkonventionelle Lösung brauchen. Alle herkömmlichen Methoden taugen dafür nicht, sie können allenfalls kurzfristig etwas Kosmetik bringen. Ich denke, du bist jetzt bereit, dich mit mir gemeinsam an die Schöpfung von neuem Geld zu machen. Das ist eine überaus spannende Sache und man hat allerhand Gestaltungsmöglichkeiten. Du kannst wirklich selbst etwas tun!

Ich habe bei meinen vielen Reisen wirklich sehr, sehr viel versprechende Möglichkeiten kennen gelernt. Es handelt sich um so genannte Komplementärwährungen, von denen ich dir jetzt einige vorstellen will. Aber zunächst einmal möchte ich dir erklären, was das überhaupt ist:

Geld bekommen wir nicht einfach so, wir müssen dafür arbeiten. Als Jugendlicher bekommst du wahrscheinlich Taschengeld, ohne dass du etwas dafür tun musst. Das ist ein glücklicher Umstand, den du genießen solltest, denn du lässt gewissermaßen deine Eltern für dich arbeiten. Wenn du aber mehr Geld brauchst, als sie dir geben, musst du dir überlegen, wie du drankommst. Arbeiten ist der nahe liegendste und aussichtsreichste Weg. Und natürlich kann man auch mit Geld Geld verdienen. Aber darüber hinaus gibt es eben auch noch andere Möglichkeiten des Wirtschaftens.

Eine Komplementärwährung beruht auf dem Abkommen einer Gruppe von Menschen und/oder Unternehmen, eine neue Währung als Tauschmittel zu akzeptieren. Das kann sogar eine selbst ausgedachte sein, aber dazu kommen wir gleich. Der Name Komplementärwährung soll zeigen, dass es dabei nicht darum geht, das alte Geld zu ersetzen. Die neuen Zahlungsmittel sollen die alten lediglich ergänzen. Die Komplementärwährungen können in vielerlei Hinsicht als eine Art Puffer dienen, wenn es der Wirtschaft mit den regulären Zahlungsmitteln mal wieder nicht so donnernd gut geht. Sie sind wunderbare Mittel auch für Menschen, ohne viel Geld zu einem gewissen Wohlstand zu kommen. Sie können zu nachhaltigem Wohlstand führen, d. h., sie bieten Menschen die Möglichkeit, nicht nur materiell, sondern auch emotional und spirituell zu wachsen und sich zu entfalten, ohne die Ressourcen der Zukunft aufs Spiel zu setzen. Damit schützen sie Umwelt und Ressourcen.

Nachhaltiger Wohlstand – das ist das Geheimnis, wie wir unsere Bedürfnisse stillen und dabei auch noch unser höchstes menschliches Potenzial entwickeln können. Er bietet jedem Menschen Gelegenheit, neuen Reichtum zu entdecken. Dieses Geheimnis will ich mit dir teilen, damit du ein Teil dieser stillen, aber umwerfenden Revolution werden kannst.

Das gravierendste Hindernis auf dem Weg zum nachhaltigen Wohlstand ist die Tatsache, dass die meisten Menschen über Geld und unsere Währungssysteme nicht richtig Bescheid wissen. Nun, für uns beide ist dies ja kein Problem mehr.

Was wir brauchen sind neue Yin-Währungen, die nicht das Wettbewerbsdenken, sondern das Gemeinschaftsgefühl fördern. Sie setzen das soziale Ziel an erster Stelle. Das heißt nicht, dass unsere alten Währungen verschwinden müssen, es wäre jedoch sinnvoll, wenn einige neue hinzukämen. Deshalb nennen wir sie ja auch Komplementärwährungen, da sie, genau wie Yin und Yang, stets komplementäre Rollen spielen. Wir kommen nun dazu, uns Antworten auf die Fragen zu überlegen, die vorhin aufgetaucht sind.

Job los, arbeitslos, Geld los

Arbeit gibt es genug auf der Welt, jedoch nicht genügend Jobs. Mit Arbeit meine ich dabei eine Tätigkeit, die man ausübt, weil sie einem Freude macht oder eine Leidenschaft befriedigt. Jobs sind dagegen Aktivitäten, die man verrichtet, um Geld zu verdienen. Manchmal, bei wenigen Glücklichen, sind Arbeit und Job identisch. Ein unbefriedigender Job lässt Menschen eher krank werden, eine erfüllende Arbeit hingegen ist unbezahlbar. Das wurde sogar wissenschaftlich nachgewiesen: Die unterschiedliche Lebenserwartung von Reichen und Armen hat weniger mit der medizinischen Versorgung zu tun als mit der Zufriedenheit, die sie bei ihrem Tun empfinden. Sicherlich hängt die Zufriedenheit auch mit der Tatsache zusammen, dass man im Leben und in seiner Arbeit einen Sinn sieht und das Gefühl hat, man könne auch selbst etwas bewegen.

Immer mehr Menschen liefern sich einen erbitterten Konkurrenzkampf

um Jobs. Etliche Unternehmen haben im Zuge von Rationalisierungsmaß-
nahmen – Produktionsprozesse »schlanker« machen, wie es oft beschöni-
gend heißt – zusammen viele Millionen Menschen entlassen und Jobs »abge-
baut«. Zwar entstehen auch viele neue Arbeitsstellen, doch sie entsprechen
selten dem Profil der Entlassenen. Es ist nur zu einem gewissen Teil möglich,
alle Menschen umzuschulen, schon weil vielen die neuen Berufe gar nicht liegen. Mit der Geschwindigkeit des Wandels – etwa der Technologie – kommen ja auch viele Menschen gar nicht zurecht. Während früher Menschen
entlassen wurden, weil die Konjunktur schlecht war, und wieder eingestellt
wurden, wenn es wieder nach oben ging, kann man heute sagen, dass Entlas-
sungen mit der Konjunktur weniger zu tun haben. Wer entlassen wird, der
bleibt es oft auch. Werden Kapazitäten frei, werden heute immer mehr einzelne Arbeitsleistungen von außen gekauft, von Freiberuflern oder Zusam-
menschlüssen »outgesourct«, wie es so schön in Neudeutsch heißt. Damit
sparen sich die Unternehmen einen hohen Anteil an Sozialkosten und werden ihre »Außenmitarbeiter« auch problemlos wieder los, wenn sie sie nicht
mehr brauchen.

Der globale Wettlauf um Arbeitsplätze schlägt sich in einer erheblichen
Verschlechterung der Arbeitsbedingungen und der Bezahlung nieder. Löhne
und Gehälter sinken, die Arbeitszeiten für diejenigen, die eine Arbeitsstelle
haben, werden immer länger, das Rentenalter immer weiter nach hinten verschoben. Nicht einmal eine gute Ausbildung ist heute eine Garantie für einen
guten Arbeitsplatz mit angemessener Tätigkeit und Bezahlung. Ist etwa ein
Hochschulabsolvent, der Taxi fährt, um über die Runden zu kommen, ein
Zeichen für eine gesunde Wirtschaft?

Man kann heute fast sagen: Viele Menschen, die Arbeit haben, powern sich
aus bis zum Letzten, andere aber bekommen kein Bein an Deck.

Hinzu kommt auch noch, dass sich im Laufe der Jahre alle anderen Werte
verschoben haben. Da viele Menschen sich nicht mehr über ihre Arbeit,
sprich: Job, definieren können, müssen sie sich gewissermaßen selbst neu erfinden und andere Möglichkeiten zur Bestimmung ihres Ichs finden. Wenn
früher einer sagte: »Ich bin Schustermeister!« – so lag darin meist sein ganzer

Stolz und seine Ehre, denn das war sein Lebensinhalt. Heute steht der Job nicht mehr für die eine Erfüllung des ganzen Lebens. Also muss ein anderer Grund her, der unserem Leben Sinn verleiht. Und das ist ein ganz schön harter Brocken. Das kann bei vielen Menschen das Gefühl von Einsamkeit und Verlorenheit auslösen, denn es fehlen damit ja auch die Stützen, die dem Leben Halt geben. Weitere Folgen: eine steigende Bereitschaft zur Gewalt und »rechtem« Denken. Dadurch und durch andere Gefühle ausgelöst, entstehen Angst, das Auseinanderdriften der politischen Parteien an den rechten und linken Rand, marktschreierisches Verbreiten von vermeintlichen Patentlösungen und ein Abflachen der Wirtschaft. Das gestiegene Gewaltpotenzial unter Jugendlichen wie beispielsweise die alltäglichen Gewaltdelikte an den Schulen sind bereits eine Auswirkung dieser »Halt-losigkeit«.

Zukunftsforscher haben schon vor Jahrzehnten vorhergesagt, dass uns das dramatische Fortschreiten der Technologie derartige Probleme bereiten würde. Doch wie das so ist mit den Propheten, es hat keiner auf sie gehört. Nun kann sich jedoch kein Land, das in der großen Weltwirtschaft mitspielt, leisten den Fortschritt nicht mitzumachen, ohne rückständig zu werden. Aber gegen diesen kapitalen Umbruch wurden eben auch keine sozialen Rezepte entwickelt. Die europäischen Regierungen haben sich in eine Sackgasse manövriert, weil sie trotz enormer Arbeitslosenquoten an den alten Ansichten über Geld und einem ausgeglichenen Haushaltsbudget festhalten.

Auch der Ausspruch eures Bundeskanzlers »Es gibt kein Recht auf Faulheit!« angesichts der rund vier Millionen Arbeitslosen in Deutschland und 14 Millionen in Euroland an die Adresse derselben zeugt ja nicht gerade von überbordenden Lösungsideen, oder? Sicher ist gerade in der Bundesrepublik das soziale Polster, in das arbeitslose Menschen fallen, noch immer so weich, dass manch einer ohne Arbeit – zu Lasten der Steuerkasse und damit der Gemeinschaft – finanziell besser dasteht, als wenn er arbeiten würde. Doch das eben ist ein Problem, das die Politiker lösen müssen. Aber die – wir sprachen schon darüber – orientieren sich eher an kurzfristigen Wahlsiegen als an nachhaltigen Änderungen, obwohl sie sich ziemlich vollmundig anders äußern. Es gab übrigens mal einen ganz berühmten Politiker, der mit dem

Spruch in die Annalen einging »Was kümmert mich mein Geschwätz von gestern?!«. Ein Schelm, wer dabei an heute denkt . . .

Jedoch vermissen wir auch eine gehörige Portion Eigeninitative aller Beteiligten. Die Spatzen pfeifen es nämlich von den Dächern der Arbeitsämter: Wer Arbeit oder einen Job wirklich sucht, der findet. Wer etwas ändern will, der schafft es auch. So müssen wir gemeinsam unsere Kräfte mobilisieren und unseren Grips anstrengen, um Lösungen zu finden, die selbst den weniger Schlauen als uns beiden und den »Bequemlingen« einleuchten. Das meine ich, wenn ich Nachhaltigkeit sage: Wenn es uns gelingt, Zahlungsmittel neu zu entwerfen, die unsere Visionen Wirklichkeit werden lassen und ihre Langfristigkeit unterstützen – also dass sie auch wirklich Zeit haben, zu wachsen und zu gedeihen –, dann können wir uns die Ressourcen der gesamten Welt zu Nutze machen. Großes Indianerehrenwort!

Alle warten darauf, dass es Geld gibt, um diese und andere Probleme zu beseitigen. Warum eigentlich? Warum Geld? Warum warten auf etwas, was eigentlich nur eine Übereinkunft ist?

WÄHRUNGEN, DIE ARBEIT SCHAFFEN

Bereits in den 20er- und 30er-Jahren des vorigen Jahrhunderts ging es Deutschland wirtschaftlich sehr schlecht. Die Reichsmark hatte völlig an Wert verloren und es gab nichts, womit man bezahlen konnte. Das betraf nicht nur einige, sondern alle. So kam man auf die Idee, sich eine Ersatzwährung zu schaffen, um das Überleben zu sichern. Man erkannte, dass das herkömmliche Geld keinen realen Wert hat, sondern nur eine Übereinkunft ist und dass man als Zeichen der Übereinkunft auch alles andere verwenden könne.

Wära hieß die Komplemantärwährung, mit der man es dann probierte. Die Wära-Tauschgesellschaft war 1930 zur Förderung und Verbreitung von Komplementärgeld in Erfurt gegründet worden. Die Währung wurde zunächst logischerweise skeptisch aufgenommen, jedoch konnte sie mehr und mehr überzeugen. Über 2000 Unternehmen verwendeten Wära erfolgreich.

Viel zu erfolgreich. So kam es der Zentralbank ganz gelegen, dass im Zuge der Brüning'schen Notverordnung die Herstellung, Ausgabe und Benutzung jeglichen Notgeldes bereits im Jahre 1931 wieder verboten wurde.

Als das »Wunder von Wörgl« wurde ein Experiment mit Komplementärwährung aus Österreich bekannt. Man gab Wörgler Freigeld, so genannte Arbeitswertscheine, aus, um bestimmte Projekte des Dorfes voranzutreiben, für die kein Geld vorhanden war – etwa fließendes Wasser, eine Brücke, Straßen oder medizinische Versorgung. Die Scheine waren mit österreichischer Währung abgedeckt. Da man die Scheine am Ende eines Monats mit einer gebührenpflichtigen Marke bekleben musste, waren alle darauf erpicht, sie vorher wieder loszuwerden. So wurde der Handel angekurbelt und andere bekamen Arbeit. Das muss man sich mal vorstellen: Selbst die Steuern wurden im Voraus bezahlt, nur um die Gebührenmarken zu vermeiden.

Wörgl senkte seine Arbeitslosenquote um ein Viertel, während anderswo die Beschäftigungslosigkeit stieg. Am Ende konnte sich Wörgl sogar noch mehr als geplant leisten, zum Wohle aller. Benachbarte Dörfer übernahmen das System und waren ähnlich erfolgreich. 200 andere Gemeinden waren ebenfalls daran interessiert. Nun wurde aber auch hier die österreichische Zentralbank nervös, weil sie ihre Alleinherrschaft über das Geld gefährdet sah. Nach einem Prozess der Wörgler gegen die Zentralbank wurde das Notgeld auch hier verboten. Die Arbeitslosigkeit war schon nach kurzer Zeit wieder auf dem alten Level.

Kurz danach kam Adolf Hitler an die Macht. Es ist nicht zu beweisen, dass das nicht passiert wäre – ebenso wie der Anschluss Österreichs an Deutschland –, wenn die Arbeitslosigkeit und die Wirtschaftskrise vom Volk selbst durch Komplementärwährungen bewältigt worden wäre. Zu überlegen ist dennoch, ob dies nicht auch mit die Folge der Unterdrückung dieser vielen Eigeninitiativen war, mit denen die Menschen versuchten ihre Probleme selbst zu lösen. Denn darauf kann es eigentlich nur eines geben: den Ruf nach einem Retter ... Hitlers Freund Mussolini formulierte es so: »Faschismus ist keine Doktrin, sondern die Antwort auf das Bedürfnis, zu handeln.«

Auch in Amerika existierten zu der Zeit mehrere tausend lokale Komplementärwährungssysteme, eines der originellsten in Texas: Man verwendete Kaninchenschwänze als Zahlungsmittel und wurde so gleichzeitig der Kaninchenplage Herr. Aber auch hier wurden 1934 Notwährungen von Präsident Roosevelt verboten. Nur wenige Komplementärwährungen überstanden den Zweiten Weltkrieg und die Zeit danach. Dennoch tauchen immer wieder welche auf. Meist dort, wo wirtschaftliche Not herrscht und die Arbeitslosigkeit besonders hoch ist. Vor gut 20 Jahren waren es knapp 100, inzwischen ist ihre Zahl um das 20fache gestiegen, jetzt gibt es bereits etwa 2000 Komplementärwährungen.

Die Zukunft des Geldes

Entwicklung komplementärer Währungssysteme in zwölf Ländern (1984–2000)

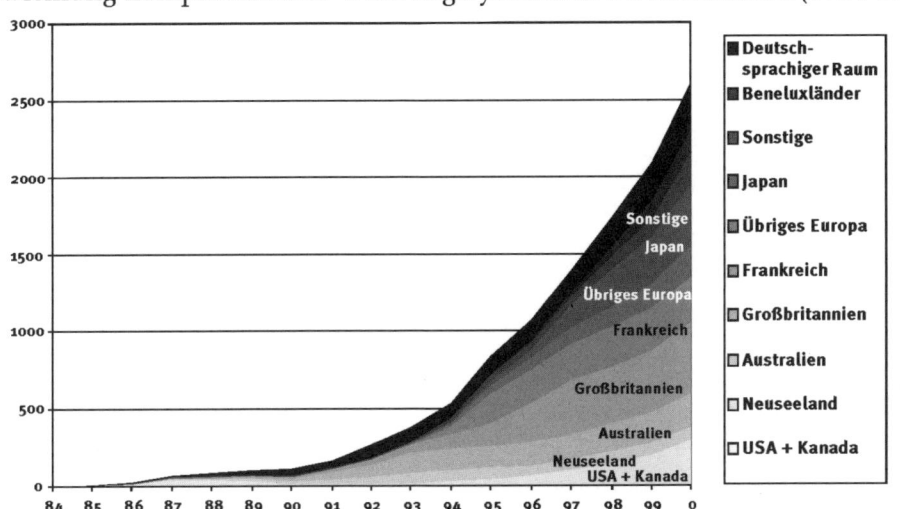

Der Unterschied zwischen Tausch und Komplementärwährung

Wir haben jetzt oft vom Tauschmittel gesprochen, wenn von Geld die Rede war. Doch jetzt wollen wir zum besseren Verständnis die Begriffe einmal »auseinander fieseln«. Ein Tauschgeschäft ist ein Austausch von Sachen oder Arbeiten, ohne dass Geld dabei fließt. Beide Parteien haben etwas, was die andere auch möchte. Nach dem Motto: »Gibst du mir dein Handy, bekommst du meine Rollerblades«. Tauschen ist nur möglich, wenn auf beiden Seiten etwas vorhanden ist, was der jeweils andere auch wirklich haben will. Das schränkt die Geschäfte erheblich ein, weswegen ja unter anderem auch das Geld erfunden wurde.

Eine Komplementärwährung ist hingegen eine Vereinbarung innerhalb einer bestimmten Gemeinschaft, eine neue Währung als Tauschmittel zu akzeptieren, die keine Landeswährung ist. Sie ersetzt diese eben auch nicht, sondern existiert zusätzlich. Im Gegensatz zu Geld (Yang) haben Komplementärwährungen (Yin) vor allem eine soziale Funktion. Sie sind unter anderem nämlich auch als ein Zeichen gegenseitiger Hilfsbereitschaft und gemeinsamer Verantwortung zu sehen. Zinsen bringen sie dafür nicht, und das ist auch gut so, denn Zinsen sind etwas, was unter den Menschen Gefühle von Wettbewerb auslösen kann.

DIE KOMPLEMENTÄRWÄHRUNG LETS

Das heute am häufigsten anzutreffende Komplementärwährungssystem ist das Local Exchange Trading System (Lokales Tausch- und Handelssystem) – kurz LETS. Es wurde vor etwa 20 Jahren in British Columbia ins Leben gerufen.

Auf Vancouver Island herrschte Anfang der 80er-Jahre eine hohe Arbeitslosigkeit und es war wenig Geld vorhanden. Zwei Männer, Michael Linton und David Weston, gründeten eine gemeinnützige lokale Organisation, eine Art wechselseitige Kreditgesellschaft namens LETS. Sie hatten als »Einstandskapital« nichts als einen Computer. Wer bei ihnen mitmachen wollte, musste Mitglied werden und eine geringe Beitrittsgebühr bezahlen. Diese wurde zur Deckung der anfallenden Kosten verwendet. Gerechnet wird in komplementären »Grünen Dollars«.

Und das funktioniert zum Beispiel so: Lisa ist dem LETS-System beigetreten und erfährt nun, was die anderen Mitglieder so anzubieten haben, beziehungsweise was sie selbst brauchen oder suchen: Leon repariert Autos, Alexa bietet ihre Dienste als Zahnärztin an, Nicola sucht jemanden, vom dem sie Bio-Brot und Öko-Hähnchen bekommt, und Tommi braucht eine Haushaltshilfe.

Das alles sind mögliche Geschäftspartner für Lisa. Leon repariert ihr das Auto für 20 »Grüne Dollar« und »20 Dollar« in Bargeld, Alexa überprüft ihre Zähne und kriegt dafür 50 »Grüne Dollar« und 10 Dollar in bar, Nicola bekommt die gewünschten Bio-Nahrungsmittel für 30 »Grüne Dollar« und bei Tommi macht sie sauber für 20 »Grüne Dollar«.

Die »Grünen Dollar« werden dabei nicht wirklich von Hand zu Hand gegeben, sondern der LETS-Zentrale gemeldet und dort gebucht. Die »Grünen Dollar« stehen zur Verfügung, sobald sich die Partner handelseinig geworden sind. Wer »Miese« auf dem Konto hat, muss schauen, dass er sie durch eigene Leistungen abbaut. Die Kontostände sind für alle einsichtig, das verhindert den Missbrauch wie etwa das Anhäufen von Schulden. Da es weder Soll- noch Habenzinsen gibt, wird auch der Faktor Wettbewerb klein gehalten.

In Kanada gibt es heute etwa 25 bis 30 solcher LETS. In Großbritannien breitet sich das System derzeit noch wesentlich schneller aus. Vor etwa zehn Jahren gab es dort bereits über 400 LETS. Auch in Neuseeland ist LETS vertreten, hier wurde es sogar von der Regierung gefördert. In Australien existieren über 200 LETS. Hier werden die Komplementärwährungen von den Bundesstaaten unterstützt. Die Bezeichnungen für die jeweilige Währung sind von Ort zu Ort unterschiedlich. LETS hilft Arbeitslosen und Sozialhilfeempfängern ihre Qualifikationen zu erhalten und zu erweitern, es motiviert sie, sich weiterhin nach Arbeit umzuschauen, es holt sie aus ihrer Isolation und ist oft genug ein Sprungbrett in die Selbstständigkeit.

In Deutschland, Österreich und der Schweiz gibt es seit etwa zehn Jahren etliche ähnliche Systeme – sie werden z. B. Tauschringe oder Talentsysteme genannt.

DAS FRANZÖSISCHE »QUÄNTCHEN SALZ«

Auch in Frankreich macht eine höchst erfolgreiche Komplementärwährung von sich reden. Sie wurde von einer Spezialistin für biodynamische Landwirtschaft ins Leben gerufen und trägt den bedeutungsvollen Namen »Le Grain de Sel« (das bedeutet wörtlich »Das Quäntchen Salz«, im übertragenen Sinne aber auch, dass man einer Sache nicht zu viel Bedeutung beimessen soll). SEL ist außerdem die Abkürzung für »Systeme d'échange Local« (lokales Tauschsystem). Das Salz in der Suppe dieser Währungsform ist ein regelmäßiges Marktfest, bei dem nicht nur Waren, sondern auch Dienstleistungen ausschließlich in »Grain de Sel« gehandelt werden. Der Markt erfreut sich großer Beliebtheit – einfach auch weil er allen viel Spaß macht und hier Freundschaften geschlossen werden.

Darüber hinaus gibt es in Frankreich mehr als 350 Zentren, die sich auf die Vermittlung von Wissen und Informationen spezialisiert haben.

GEMEINSAM SIND WIR STARK

Die Schweiz steuert mit WIR ein Komplementärsystem bei. Es ist das älteste noch bestehende System in der heutigen westlichen Welt. Es wurde 1934 von 16 Mitgliedern in Zürich gegründet. Seitdem wächst es beständig. WIR beweist damit, dass eine Komplementärwährung auch in einem konservativen kapitalistischen Land mit dem höchsten Lebenstandard der Welt existieren und sinnvoll sein kann. Sein Erfolg spricht für sich: Zum 60-jährigen Jubiläum von WIR im Jahre 1994 betrug der Jahresumsatz der »WIRtschaftsring-Genossenschaft« 2,5 Milliarden Schweizer Franken. Die

80.000 Mitglieder leben in allen Teilen des Landes. WIR operiert in vier Sprachen, hat ein eigenes Bankgebäude und sechs Regionalbüros. Es ist eine Mischform aus wechselseitigem Kredit und Buchgeld. Der Wert des WIR ist an den Schweizer Franken gebunden: 1 WIR = 1 Franken.

Die Europäische Kommission unterstützt auch regionale Pilotprojekte. Sie werden »Barataria«-Projekte genannt: zum Beispiel das schottische Projekt SOCS, das Roma-Projekt im Raum Connacht in Irland und das so genannte »3erSector« in Madrid.

Dining Dinero

Eindrucksvoll ist auch das Beispiel des Café de la Paz im kalifornischen Berkeley: Dort wurde dringend Geld für eine Renovierung benötigt. Die Besitzer versuchten bei mehreren Banken einen Kredit dafür zu bekommen. Überall wurde abgewinkt. Da kamen die Besitzer auf diese geniale Idee: Sie gaben Scheine aus, die künftig gegen Mahlzeiten eingetauscht werden konnten. Der Kunde erhielt damit 20 Prozent Nachlass auf jedes Essen. Nach Abzug der eingesetzten Waren hatte das Café rechtzeitig das nötige Geld für die Renovierung beisammen und machte immer noch Profit dabei. Zusätzlich hatte es seine Kunden dauerhaft an sich gebunden. So hatten alle etwas davon.

WÄHRUNGEN, DIE DIE GEMEINSCHAFT FÖRDERN

Unsere Gesellschaft steckt in einer Krise, denn auch die Familiengemeinschaften sind tief greifenden Veränderungen unterworfen. Die Familien werden immer kleiner und die einzelnen Mitglieder haben immer weniger miteinander zu tun. Auf den ersten Blick hat das für uns nichts mit Geld zu tun. Doch ich bin bei meinen Studien darauf gestoßen, dass wir uns über einen Faktor des Zusammenhalts von Familien und Gemeinschaften nicht im Klaren sind: »Kleine Geschenke erhalten die Freundschaft«, sagt der Volksmund, und hat damit mehr als Recht. Denn Gemeinschaft funktioniert nur mit dem gegenseitigen Austausch von Geschenken und Gaben – also dem echten Geben und Nehmen. Das ist überall auf der Welt so. Es ist beispielsweise in klösterlichen Gemeinschaften von Mönchen seit alters her eine eherne Regel, sich mit Geschenken und Gaben untereinander auszutauschen. Geldgeschäfte sind nur nach außen zugelassen. Der moderne internationale Zusammenschluss von Wissenschaftlern, »Scientific Community«, hat es sich zur Maxime gemacht, sich untereinander Wissen und Ideen zu schenken. Wer für so etwas Geld verlangt, wird ausgeschlossen und verachtet.

Gemeinschaften – also auch Familien – zerfallen, wenn einseitige Geldgeschäfte die liebevollen gegenseitigen Geschenke ersetzen. Ich sage es einmal ganz provokant: In einer Gesellschaft, in der man seinen Sohn für das Rasenmähen und seine Tochter für das Unkrautjäten bezahlt, ist der Zerfall der Familie in vollem Gange. Das Gleiche ist es, wenn wir Oma und Opa gegen Geld ins Heim geben.

Mit Komplementärwährungen lässt sich auch hier Abhilfe schaffen, denn sie können auch das verantwortungsvolle Miteinander fördern. Anhand von sechs Beispielen will ich das nun verdeutlichen.

1. Time Dollars

Time Dollars wurden 1986 von einem Anwalt aus Washington erfunden und sind mittlerweile in mehreren hundert Gemeinschaften in den USA im Umlauf. Seit einiger Zeit wird diese Komplementärwährung von 30 Bundesstaaten gefördert. Über 200 Gemeinden und Sozialdienste waren vor kurzem schon am Time-Dollars-System beteiligt. Es wird zum Beispiel in Wohnanlagen für Senioren angewendet. Das System ist bestechend einfach. Das Tauschmittel sind Arbeitsstunden.

So funktioniert es: Joe sieht nicht gut und kann nicht mehr Auto fahren. Er braucht jedoch etwas vom anderen Ende der Stadt. Julia nimmt sich eine Stunde Zeit und macht die Besorgung für ihn. Dafür erhält sie ein Guthaben von einer Stunde. Dieses Guthaben muss sie nun nicht bei Joe einlösen, sondern sie kann sich auch von Mary ihre Lieblingskekse backen oder von Tom den Rasen in ihrem Garten mähen lassen. Joe dagegen ist mit einer Stunde im Soll, er muss für eine Stunde lang irgendetwas für jemanden tun, was er mit seiner geringen Sehkraft erledigen kann. Angebot und Nachfrage von zwei Leuten müssen also nicht zwangsläufig zusammenpassen. Deswegen bietet dieses System allen eine größere Freiheit.

Das Stunden-Soll und -Haben wird am schwarzen Brett ausgehängt. Bekommt jemand ein Guthaben, entsteht bei einem anderen ein Soll. Die Summe aller Time-Dollars ist somit immer ausgeglichen. Trotzdem haben alle alles, ohne dass ein »echter« Dollar aufgewendet werden muss. Das ganze System verursacht ebenfalls keine Kosten.

In einer Studie wurde festgestellt, dass die Bewohner der untersuchten Wohnanlage viel besser miteinander auskamen, dass miteinander gefeiert und Anteil am Leben der anderen genommen wurde. Völlig unerwarteter Nebeneffekt: Die Gesundheit der Teilnehmer verbesserte sich deutlich. Denn man kümmerte sich umeinander und fand mehr Sinn im Leben mit anderen Menschen.

2. Ithaca Hours

Diese Papierwährung existiert in der kleinen 27.000 Einwohner starken Universitätsstadt Ithaca im Bundesstaat New York. Die Stadt ist nicht reich, viele Bürger sind richtig arm. Ein Problem der Stadt war es, dass viel Geld ins nahe New York getragen wurde und nicht in die eigene Stadt floss. Kernstück der Ithaca Hours ist eine Zeitung, die alle zwei Monate erscheint. Darin werden die Produkte und Dienstleistungen der Menschen und Unternehmen angeboten, bei denen man mit Ithaca Hours bezahlen kann. Eine solche Stunde hat den Wert von zehn US-Dollar. Es gibt Scheine mit unterschiedlicher Stundenzahl. Wer in der Zeitung inseriert, bekommt Scheine im Wert von vier Stunden. In der Regel stehen etwa 1200 Einträge in der Zeitung. Selbst die örtliche Bank macht mit, sie hat den Bürgern angeboten Konten in der Komplementärwährung zu führen.

Die Inserenten können in ihren Angeboten beide Währungen kombinieren. So kann ein Maler seine Arbeit zu 60 Prozent in Ithaca Hours anbieten, zu 40 Prozent in regulären US-Dollar, dafür kann er dann z. B. Farben, Tapeten, Pinsel und Steuern bezahlen. Eine anderer Maler wirbt für die Mischung 90/10, ist dafür aber etwas teurer. Wer zufälligerweise oder weil er arbeitslos ist wenig reguläres Geld hat, kann dann trotzdem einen Maler bestellen.

Alle sind mit diesem System zufrieden: »Mit unserem Geld wurden tausende von Käufen getätigt und viele neue Freundschaften geschlossen. Durch den örtlichen Handel stieg unser eigenes Bruttosozialprodukt um hunderttausende.« Allerdings birgt es auch ein Risiko: Es ist eine zentrale Instanz nötig, die das Ganze steuert. Dabei besteht die Gefahr, dass zu viel Geld ausgegeben wird und es zu einer Inflation kommt. Diese Gefahr besteht nicht bei wechselseitigen Krediten wie Time Dollar und LETS, da ja das Geld erst zum Zeitpunkt der Transaktion kreiert wird, und zwar automatisch in der richtigen Menge.

Ähnliche Papierwährungen gibt es mittlerweile in 39 verschiedenen amerikanischen Gemeinschaften.

3. PEN Exchange

Das ist eine Komplementärwährung, die in Takoma Park und einem wohlhabenden Vorort von Washington eingeführt wurde. Der Name steht für »Philadelphia Eastern-Neighbourhood«. Im PEN-Verzeichnis werden Dinge und Arbeiten angeboten, für die man normalerweise kein Geld ausgeben würde. Außerdem stehen viele Einträge für Tätigkeiten, die Menschen gerne tun, weil sie Spaß machen. Das System hat sich so entwickelt, dass den Menschen oft die Gemeinschaft wichtiger ist als das Bezahlen. Bei diesen Tauschgeschäften kommt die Komplementärwährung gar nicht zum Zuge, oft kommt es nur zu einem allgemeinen Austausch von Dingen und Diensten.

Es sind viele soziale Neuerungen dabei herausgekommen: Zum Schutz vor Verbrechen patrouillieren Mitbewohner jetzt nachts gemeinsam durch den Stadtteil, es wurden Spielgruppen gegründet, man kümmert sich um die Senioren und betreibt gemeinsam eine Farm. So brachte der PEN Exchange den Bewohnern des Vororts ein soziales System von gegenseitiger Hilfe, wie es früher in kleinen Dörfern üblich war. Und der Ort ist damit der einzige in ganz Washington, in dem die gegenseitige Nachbarschaftshilfe wieder zur Selbstverständlichkeit gehört.

4. Curitiba

Curitiba ist eine Provinzhauptstadt in Brasilien, deren Bürgermeister seit 25 Jahren auf Komplementärwährungen setzt. Er schuf damit in seiner Stadt einen hohen Lebensstandard. Vor rund zehn Jahren erhielt Curitiba von der UNO den Titel »Ökologischste Stadt der Welt«. Die Stadt ist in den vergangenen 40 Jahren extrem rasch gewachsen. Die Einwohnerzahl ist von 120.000 auf fast zweieinhalb Millionen gestiegen.

Eines der größten Probleme, die bewältigt werden mussten, war der riesige Müllberg. In die Elendsviertel kamen die Müllwagen gar nicht hinein, schon weil die Straßen zu eng waren. Der Müll blieb liegen, türmte sich, zog Ratten und Ungeziefer an, Krankheiten brachen aus. Das Geld für eine konventionelle Lösung fehlte.

Doch der Bürgermeister kam auf eine bessere Idee: Am Rande der Viertel wurden Müllcontainer aufgestellt. Sie waren – für die Analphabeten – nach Müllsorten farbig gekennzeichnet. Wer eine Tüte mit vorsortiertem Müll brachte, erhielt eine Busfahrkarte, die ärmeren Schüler wurden zur Belohnung mit Schulheften versorgt. Schon bald hielten zehntausende von Kindern das Viertel sauber. Ihre Eltern fuhren mit den Busfahrscheinen in die Stadt zur Arbeit. Heute nehmen 70 Prozent aller Haushalte in Curitiba an diesem Programm teil. Es gibt nach wie vor Busfahrscheine und Schulhefte, aber auch Lebensmittel für den getrennten Müll. Darüber hinaus wurde die Stadt verschönert und überall wurden Parks angelegt, die gut – natürlich mit Bussen – zu erreichen sind. Last but not least verdienen die Menschen in Curitiba mehr als früher in regulärem Geld und in ihrer Komplementärwährung. Eine Stadt der Dritten Welt konnte so den Lebensstandard der Ersten erreichen. Und das ist eine wahrhaft stolze Leistung!

5. Gesundheitspflege-Währung

Das ist eine besonders erfolgreiche Komplementärwährung aus Japan. Sie verbessert die Gesundheitsfürsorge auf bislang unbekannte Art, ohne dabei den Staat zu belasten.

Japan hat von allen Ländern den zweithöchsten Anteil an alten Mitbürgern. Bereits heute benötigen 1,8 Millionen Senioren und Behinderte tägliche Hilfe. Diese Zahl wird wie in anderen Ländern weiter zunehmen. Bei dem System der »Pflegewährung« werden die Stunden, die ein Freiwilliger bei der Pflege oder Unterstützung alter oder behinderter Menschen verbringt, auf einem »Zeitkonto« verbucht. Das wird wie ein Sparkonto geführt, es sammelt sich also Zeit an. Mit dem Guthaben des Zeitkontos kann man die normale Krankenversicherung ergänzen. Man kann es aber auch seiner Familie oder anderen Bedürftigen zugute kommen lassen – etwa seinen Eltern, selbst wenn sie weit wegwohnen. Man kann es auch selbst für seine eigene Pflege einlösen, wenn man das braucht.

Den alten Menschen ist damit nicht nur geholfen, sie fühlen sich mit dieser persönlichen Betreuung auch wesentlich wohler. Und auch die Pflegenden profitieren, denn sie haben das Gefühl, dass ihre Leistung stärker anerkannt wird. Japan verzeichnet derzeit einen Boom an Hilfswilligen, die selbst gar kein eigenes Zeitkonto eröffnen möchten. Das ist das beste Zeichen dafür, dass dieses System auf allen Ebenen erfolgreich ist.

Japan experimentiert zurzeit mit rund 40 anderen Möglichkeiten, Komplementärwährungen einzusetzen. Manche sollen die regionale Entwicklung unterstützen, andere die lokalen Probleme kleiner Bergdörfer lösen helfen. China hat im Jahr 2001 begonnen, ebenfalls ein Gesundheitspflegesystem einzuführen. Auch in Österreich gibt es Interesse an dieser Idee.

6. TLALOC

Das ist eine populäre Komplementärwährung aus einem Viertel in Mexiko-Stadt. Tlaloc ist der Regengott der Azteken, nach ihm wurde die 1987 geschaffene Währung benannt. Es gibt eine eigene Website, obwohl die Teilnehmer weder Computer noch Telefon brauchen, und eine eigene Zeitung. Zudem werden verschiedene Dienstleistungen angeboten. Tlaloc ist ein wechselseitiges Kreditsystem, bei dem das Geld in Form von Papierschecks ausgegeben wird. Sie sind so wie eine Währung im Umlauf.

7. GEMISCHTES DOPPEL

Alle Systeme, von denen ich dir bislang erzählt habe, existieren parallel zur regulären Landeswährung. Es sind also stets zwei Kreisläufe zu beachten, und das macht das Ganze ziemlich kompliziert. Ich glaube, die Zukunft liegt in der Verquickung der beiden Währungssysteme.

Im US-Bundesstaat Minnesota wurde das erste System entwickelt, das offiziell Landeswährung und Komplementärwährung miteinander verquickt. Das Commonweal Community Herocard System bietet Vorteile für alle. Unternehmen gewinnen neue Kunden und verdienen mehr. Gemeinnützige Organisationen ziehen mehr Freiwillige an und können ihr offizielles Geld besser einsetzen. Am wichtigsten ist jedoch, dass Gemeinden und Stadtbezirke auf diese Art bisher ungenutzte menschliche und andere Ressourcen zur Lösung der lokalen Probleme einsetzen können.

Das System basiert auf einer einfachen Kundenkarte, kann jedoch jederzeit auf Smartcards umgestellt werden, die in beiden Währungen funktionieren. In Minneapolis gilt neben dem US-Dollar der Gemeinschafts-Service-Dollar. Beide stehen im Verhältnis 1 : 1. Eine Arbeitsstunde schlägt mit zehn Gemeinschafts- Service-Dollar zu Buche. Diese Komplementärdollars werden aus dem Verkehr gezogen beziehungsweise gelöscht, wenn sie in einem Geschäft eingelöst wurden – ähnlich wie bei uns die Bonusmeilen für Vielflieger.

Neue gemeinnützige Tätigkeiten schaffen neue Dollars. Damit können sich Menschen voll in die Wirtschaft integrieren, die zwar Zeit, aber kein Geld haben. Denn man kann Zeit in Geld umwandeln. So mobilisiert das System ungenutzte Ressourcen und alle haben etwas davon. Neben der Mall of America – dem größten Einkaufszentrum der USA – ist inzwischen auch die National City Bank beteiligt, die die Abrechnungen in der Komplementärwährung erledigt.

Komplementärwährungen sind freiwillig. Das System schafft neuen Reichtum für alle und – einmal angelaufen – finanziert es sich auch völlig aus eigenen Mitteln.

10. E-Mail

To: sylvie@home.de
From: bernard@futuremoney.de

Hallo Sylvie,
kürzlich wurde bei euch der erste Armuts- und Reichtumsbericht
der Bundesregierung vorgelegt.
Mein liebes Mädchen, da zieht's einem aber die Schuhe aus: Fast
drei Millionen Menschen leben von der Sozialhilfe, etwa 1,1 Millionen davon sind Kinder! Allein erziehende Mütter und Väter sind
überproportional betroffen. Reichtum und Armut sind ungerecht
verteilt, so steht es im Bericht. Der Staat hat jedoch bereits signali-
siert, dass er diese Probleme nicht mit Geld wird lösen können, weil
er selbst nicht mehr genug hat. Ich denke, das wäre auch wirklich
keine langfristige Lösung. Komplementärwährungen könnten vieles zum Besseren wenden.

In diesem Sinne: Warum hört nur niemand auf . . .
. . . Bernard

Teste deinen Geld-IQ

9. Frage: Was verstehen wir unter Komplementärwährungen?

a   So genannte Schmeichelwährungen
b   Geldsysteme, die zusätzlich zur Landeswährung verwendet
     werden können und deren Funktion ergänzen.
c   Währungen, die das krasse Gegenteil sind von dem, was man
     gerade hat.

10 | TERRA INCOGNITA

DIE ZUKUNFT DES GELDES

Jetzt wird es Zeit, dass ich dich mit nachhaltigem Geld und nachhaltigem Wohlstand bekannt mache. Denn nun bist du für dieses Wissen bestens gerüstet. Das Thema ist meiner Meinung nach das wichtigste überhaupt, denn es hängt am Ende unser Überleben und das Überleben vieler anderer Lebewesen und unserer Natur davon ab, ob es uns gelingt, etwas zu verändern. Wollen wir wirklich erst abwarten, bis der letzte Orang-Utan tot, der Blauwal ausgestorben ist, der letzte Fisch ein letztes Mal nach Luft geschnappt hat, bis der Regenwald abgeholzt ist und die Erde das letzte bisschen Schutz durch die Ozonschicht verloren hat, bis wir begreifen, dass unsere derzeitige Jagd nach dem Geld nicht wirklich etwas bringt? Dass Geld am Ende in einer sterbenden Welt nichts nützt, völlig wertlos ist?

Es ist in der Tat ein Jammer, dass ausgerechnet deiner Generation diese Probleme aufgehalst werden. Aber darin liegt natürlich für euch auch eine ungeheure Chance, euch zu bewähren. Das mag dir anfangs lästig erscheinen, aber die Fähigkeit, Probleme kreativ zu lösen, wird eines Tages deine Person ausmachen und dich von vielen anderen unterscheiden. Dummheit regiert die Welt, sagte man früher. Heute könnte es genauso gut heißen, blinde Geldgier regiert die Welt, nach dem Motto »Jedem das Seine, für mich das Meiste!«.

Ein bekannter Wissenschaftler hat sich einmal intensiv damit beschäftigt, warum bestimmte Zivilisationen (es waren über 20!) kaputtgegangen sind. Er fand ausschließlich zwei Ursachen: zu viel Reichtum bei ganz wenigen und die Unfähigkeit aller, sich an sich verändernde Bedingungen anzupassen. Dann ist eine Kultur nicht überlebensfähig und geht über kurz oder lang einfach ein. Merkst du die Gemeinsamkeiten zur Situation von heute? In unserer Gesellschaft klafft eine immer größere Lücke zwischen Arm und Reich, obendrein haben immer mehr Leute keine Arbeit. Und die Politik scheint nicht in der Lage zu sein, diese Probleme kreativ zu beseitigen.

GELD KANN MAN NICHT ESSEN

Natürlich hat unser jetziges System auch echte Vorteile – das liegt auf der Hand. Denn wir hätten es nie so weit gebracht und es ginge uns bestimmt nicht so gut wie heute. Unsere Entwicklung als Menschen ging ja grob gesagt vom umherstreifenden Jäger, der seine Nahrung noch sammeln und jagen musste, zum globalen Internetsurfer, der sich mit einem Mausklick gebratene Tauben nach Hause fliegen lassen kann. Einer der wichtigsten Schritte dazwischen war sicher die Entwicklung der Industrie und ihre Verbreitung über die ganze Erde, die zumindest den Industrienationen Reichtum, ausreichend Nahrung und eine zunehmend bessere Gesundheit brachten. Dabei hat das traditionelle Geldsystem eine bedeutende Rolle gespielt.

Dadurch veränderte sich das Leben der Menschen ganz entscheidend. Unter anderem ermöglichte dies den enormen Anstieg der Weltbevölkerung. In der gesamten überschaubaren Zeit der Menschheitsgeschichte war die Zahl der Menschen in etwa immer gleich – sie lag bei weniger als 400 Millionen. Erst in den vergangenen 200 Jahren ist sie auf sechs Milliarden angewachsen.

Das wäre ohne die industrielle Revolution und das Geldsystem, das sie vorangetrieben hat, nie möglich gewesen. Die meisten Experten glauben, dass die Bevölkerungszahl in wenigen Jahren noch ein letztes Mal um das Doppelte explodieren wird. Doch Geld kann man nicht essen. Wenn es wegen der Überbevölkerung einen Kollaps gibt und dann auch noch die Umwelt zusammenbricht, nützt ein dickes Bankkonto rein gar nichts. Wenn alle satt werden sollen, bedarf es also gravierender Änderungen.

Mit der Industrialisierung veränderte sich aber auch das Verhältnis der Menschen zur Umwelt. Bis dahin hatte man die Natur verehrt und ihr großen Respekt gezollt. Galt sie doch als etwas, was man nicht beeinflussen konnte und was mit großer Macht Einfluss auf das Leben aller Menschen nahm. Doch nun verlor man die Ehrfurcht mehr und mehr, griff gnadenlos in die Natur ein, versuchte sie sich untertan zu machen und gefährdete ihren Bestand bis zum kurz bevorstehenden Exodus vieler Arten. Hier muss bald etwas geschehen, bevor es zu spät ist. Die Uhr tickt schon sehr laut. Die Erde kann sich selbst erhalten. Die Frage ist nur, ob wir Menschen dann noch dabei sein werden.

Doch wie können Änderungen gelingen? Die meisten werden sagen: »Was haben wir denn davon?«, oder: »Warum sollen wir anfangen, wenn wir doch dann auch auf etwas verzichten müssen. Nach uns die Sintflut!«, oder: »Soll das doch jemand anderes machen, ich bin ja nicht dafür verantwortlich!« Nun ist es aber so, dass man die Menschen durchaus von Änderungen überzeugen kann, wenn man ihnen etwas Neues oder einen Gewinn dafür verspricht. Bislang wurde aber meist über Erziehung oder strenge Vorschriften versucht, Menschen zu einem anderen Verhalten zu bewegen. Nicht selten waren und sind hier auch moralinsaure Eiferer am Werk, die es uns wirklich nicht besonders schmackhaft machen, neue Wege zu gehen.

Doch die finanziellen Gelüste der Menschen gehen ohnehin fast immer als Sieger hervor. Vorschriften zum Erreichen »höherer Ziele« sind scheinbar zum Scheitern verdammt oder zumindest dazu da, nicht eingehalten zu werden . . . »Erst kommt das Fressen, dann die Moral«, formulierte schon Bert Brecht treffend. Moral ist wohl nur etwas für Schnarchis, die so genannten ewig Gestrigen, und wer will schon heute nicht »on the top« sein? Also müssen wir finanzielle Anreize schaffen, wenn wir etwas verändern wollen.

Wenn man nur immer die eigene Nasenspitze sieht

Ein großes Hindernis, gegen das wir uns wappnen müssen, ist die Kurzsichtigkeit und Kurzfristigkeit des Denkens vieler Menschen, vieler Unternehmen und des Finanzmarktes allgemein. Sie führen dazu, dass heute auf Investitionen verzichtet wird, weil sie momentan teurer erscheinen als das, was man gerade hat, obwohl sie langfristig gesehen alles viel, viel preiswerter, besser und verträglicher machen. Wenn China zum Beispiel behauptet, es könne sich keine neuen umweltschonenden Technologien leisten, dann denkt es nur daran, welche Ersparnisse es heute durch die »schmutzigen« Technologien hat. Wenn deine Eltern billig ein Haus kaufen und auf eine Isolierung verzichten, weil ihnen das heute zu teuer ist, machen ihnen in absehbarer Zeit die immensen Heizungskosten zu schaffen. Wenn du heute auf deine Nachhilfe in Französisch verzichtest, weil du sie von deinem Taschengeld bezahlen musst und dir das zu teuer ist, wirst du vielleicht in einigen Jahren deinen Traumjob nicht bekommen, weil du eine miese Note »in Franze« eingefahren hast.

Aber ich habe eine Idee, wie man es verhindern könnte, dass jeder nur auf seine eigene Nasenspitze schaut. Ich will versuchen, sie dir zu erklären: Nehmen wir einmal an, in deiner Lieblingsdisco wird in eine neue Lichtanlage für 1.000 Euro investiert. In den nächsten 15 Jahren wird sie dafür sorgen, dass dadurch bei jeder Abrechnung am ersten Tag des Jahres ein Gewinn von 100 Euro erzielt wird, zum Beispiel durch Stromeinsparungen, weil es sich um Sparlampen handelt. Wenn wir davon ausgehen, dass in dieser Zeit Geld seinen Wert behält – es also zu keiner Inflation kommt, steht am Anfang ein negativer Betrag von 1.000 Euro und nach fünfzehn Jahren ein positiver Betrag von 1.500 Euro. Die Sache hat sich also gelohnt.

Der Geldspezialist der Hausbank, von dem der Discobesitzer sich beraten lässt, sieht das jedoch anders. Zwar ist für ihn am Anfang die Situation dieselbe, es müssen 1.000 Euro investiert werden, doch dann zieht er jedes Jahr – sagen wir mal – zehn Prozent Zinsen ab, sodass ein Gewinn nach einem Jahr von 100 Euro nur 91 Euro wert ist, im zweiten dann nur noch 83 Euro und so weiter. Am Ende des 15. Jahres bekäme dein Freund, der Besitzer der Disco, nur noch klägliche 24 Euro heraus. Wenn man das auf 200 Jahre hochrechnet, kommen sage und schreibe fast unsichtbare 0,000003 Euro heraus. Offiziell heißt das Abzinsungssatz. Er führt dazu, dass eine eigentlich sinnvolle Investition sich nicht rechnet – jedenfalls nicht nach unserer Nasenspitzenberechnung. Deshalb rät der Bankberater ihm ab. Danach würde dein Freund entscheiden, dass weiter nach der alten, aber teureren und stromverschwendenden Lichtanlage abgetanzt wird.

Der Bankberater weiß sich mit seiner Empfehlung in bester Gesellschaft, denn nach diesem scheinlogischen System funktioniert unsere Wirtschaft. Seine Auswirkungen liegen auf der Hand: Wer dennoch etwas investieren will oder muss, schielt nur auf den schnellen Euro. Nur was umgehend »cash in die Täsch« bringt, ist eine Investition wert. Denn sonst kommen ja die negativen Zinsen wieder ins Spiel. Nachhaltigkeit, Langfristigkeit? Ade, du schnöde Welt ...

Schaun mer mal ... weiter!

Die positiven Zinsen sind im Prinzip schuld an der Nasenspitzentaktik, die dafür sorgt, dass uns die Zukunft nicht so wichtig ist beziehungsweise wichtig sein darf wie der schnelle Euro – auch wenn diese uns langfristig zu Grunde richtet. Je mehr positive Zinsen es gibt, desto mehr klammern sich alle an der Nasenspitze fest.

Dagegen würde meines Erachtens eine Liegegebühr oder Antihortungs-Gebühr helfen, so wie Schiffe in einem Hafen eine Liegegebühr bezahlen müssen. Je länger sie dort liegen, desto teurer wird es. Ich selbst will sie Nachhaltigkeitsgebühr nennen. Sie führt langfristig gesehen dazu, dass Investitionen in die Zukunft sich auszahlen. Du wirst schon sehen, warum!

TERRA INCOGNITA

Wenn du »Lateiner« oder »Lateinerin« bist, weißt du, dass »terra incognita« wörtlich übersetzt unbekanntes Land oder Terrain heißt. Umgangssprachlich bezeichnet man damit Dinge, die man nicht kennt, die noch erforscht werden müssen. Manchmal bezeichnen sich auch Männer und Frauen gegenseitig so, wenn sie sich wegen ihrer Unterschiedlichkeit nicht verstehen. Hier meine ich im doppeldeutigen Sinne noch etwas anderes, nämlich die von mir erfundene Währungseinheit »Terra«, die du noch nicht kennst! Und jetzt kommen wir langsam dazu, dass ich dir meine letzten Geheimnisse verrate.

Mir schwebt eine Währung vor, die nicht an einen bestimmten Staat gebunden ist, damit man stabil und zuverlässig auch mit ihr internationalen Handel treiben kann. Erinnern wir uns noch einmal daran, dass viele Probleme mit unserem jetzigen Geld dadurch entstehen, dass es keine reale Deckung gibt, unser Geld eine Fiat-Währung ist (siehe auch Kapitel 3). »Terra« müsste eine Währung sein wie die früherer Zeiten, als noch bestimmte Werte zurückgelegt werden mussten für eine bestimmte Menge von Geld.

Was soll »Terra« denn nun wert sein, fragst du zu Recht. Ich stelle mir vor – und an diesen Gedanken wirst du dich vielleicht erst einmal gewöhnen müssen –, dass es nicht unbedingt Gold und Edelsteine sein müssen, sondern auch ein Korb von Waren und Dienstleistungen sein kann, der im internationalen Handel eine besonders große Rolle spielt, also für alle gleichermaßen wichtig ist. Zum Beispiel könnte es so sein:

1 Terra =   1/10 Barrel Rohöl

+ 8 Gallonen Weizen

+ 2 Pfund Kupfer

+ 1000 Kilometer Flugreise

+ 500 Kilo Spagetti

+ 100 Minuten Transatlantik-Ferngespräche

+ 1 Fass Riesling-Wein

usw.

Die einzelnen Bestandteile dieses so genannten Warenkorbs würden zwischen den jeweiligen Partnern des Übereinkommens ausgehandelt und verbindlich festgelegt. Es könnten auch Dienstleistungen dabei sein. Wenn man diesen Terra-Warenkorb so vielseitig zusammenstellt, dass er für alle wichtige Inhalte hat, wird sein Wert auch vor Inflation geschützt sein. Das macht den Warenkorb stabil. Anders als beim Geld unterliegen diese Waren und Dienstleistungen ja keinem offiziellen Zins- und Währungssystem und auch nicht deren Schwankungen.

Da es sich um reale Gegenwerte handelt, kann die Einheit »Terra« problemlos in jede Landeswährung umgerechnet werden. Es müssen dafür die Preise der Waren und Dienstleistungen zusammengezählt werden. Meistens werden sie schon heute in allen großen Wirtschaftszeitungen veröffentlicht. Also ist das gar kein besonders großer Aufwand. Der Wert der Waren kann natürlich auch »versilbert«, das heißt in Landeswährung ausgezahlt werden. Dazu werden jedoch immer weniger Menschen Lust verspüren, wenn sie erst einmal merken, wie stabil der »Terra« ist.

Wer »Terra« besitzt, erhält Empfangsscheine für den Warenkorb. Sie sind das eigentliche Zahlungsmittel. Natürlich muss Otto NormalverbraucherIn nicht das Fässchen Riesling-Wein oder die Säcke Weizen selbst von einem Ort zum anderen rollen oder schleppen. Sie dienen ja nur als Rechnungswert an sich. Für Lagerung des Warenkorbs fällt eine kleine Lagergebühr von etwa vier Prozent an. Die zahlt der Inhaber der Empfangsscheine. Diese Lagergebühr ist gleichbedeutend mit dem, was ich vorhin Nachhaltigkeitsgebühr nannte. Sie ist ein Garant dafür, dass der allgemeine Wohlstand langsam, aber sicher wächst – einfach weil die Empfangsscheine wegen der Lagergebühr mehr bewegt und nicht gehortet werden. »Terra« lässt sich natürlich auch elektronisch übertragen – also online verbuchen – ebenso wie das offizielle Geld von heute.

Dass eine solche Währung von den Regierungen ins Leben gerufen und umgesetzt wird, ist ziemlich unwahrscheinlich. Also bedarf es der Initiative anderer. Das können natürlich Privatleute sein, sinnvoller wäre es aber, wenn man dafür wichtige Unternehmen in Schlüsselfunktionen gewinnen könnte.

Sie wären dann auch ein gutes Vorbild für andere. Viele Unternehmen haben im Prinzip schon ihr Interesse an privaten Währungen gezeigt. So vergibt die Lufthansa Bonusmeilen, das Kreditkartenunternehmen American Express Guthabenpunkte, Hotels und Autoverleihfirmen winken mit Up-Grades in höhere Klassen, Kaufhäuser und Warenversände mit hauseigenen Kreditkarten. Der Internationale Verband der Luftverkehrsgesellschaften IATA hat schon vor zwanzig Jahren eine einheitliche Rechnungseinheit eingeführt.

Die internationale Währungseinheit »Terra« könnte sich auch bestens bewähren, um drohende Rezessionen zu umschiffen. Andere Komplementärwährungen auf lokaler Ebene haben durchaus Platz neben der üblichen Geldwährung und »Terra«. Sie sind zusätzlich aus sozialer Sicht sogar höchst erwünscht. So ist es also denkbar, dass es die normale Landeswährung gibt, »Terra« für internationalen Handel und in deiner Stadt eine eigene Rechnungseinheit wie Time-Dollars für den lokalen Handel und die sozialen Probleme.

Das ist nachhaltiger Wohlstand:

Wenn eine Gesellschaft ihre Bedürfnisse befriedigt, ohne die Zukunftsaussichten ihrer Kinder und Kindeskinder aufs Spiel zu setzen, wenn viele Menschen gleichzeitig genügend Ressourcen haben, um wählen zu können, wie sie ihrer Kreativität Ausdruck verleihen können – dann hat sie nachhaltigen Wohlstand erreicht. Eine solche Gesellschaft schafft es, Umweltschäden und soziale Ungerechtigkeiten zu vermeiden, und zwar bei gleichzeitiger Verbesserung und Veränderung des Lebensstils.

Es sollten dabei idealerweise drei Bedingungen erfüllt sein:

Von den nachwachsenden Rohstoffen sollten nicht mehr verbraucht werden als nachwachsen können. So hat zum Beispiel exzessive Jägerei (auch Großwildjägerei) dafür gesorgt, dass von bestimmten Tierarten so viel geschossen wurde, dass den Tieren keine Chance blieb, sich wieder zu vermehren, und sie folglich ausstarben.

Rohstoffe, die nicht erneuert werden können, die nicht nachwach-

sen, sollten nicht mehr oder nur sehr zurückhaltend eingesetzt wer-
den, bis ein erneuerbarer Ersatz entwickelt wurde.
Die Luft- und Wasserverschmutzung darf die Aufnahmefähigkeit
der Erde keinesfalls überschreiten.
Die Verschmelzung von Wirtschaft und Ökologie ist unter anderem
deshalb so wichtig, da ihre Schicksale mittlerweile untrennbar an-
einander gekoppelt sind. Wenn die Industrie die Natur mit ihrem
Ökosystem kaputtmacht, zerstört das am Ende ebenfalls unsere ge-
samte Industriegesellschaft.

Die wichtigste Überlegung, die ich hier – fast am Schluss – noch einmal wie-derholen will, möge von nun an in dein künftiges Denken und Handeln ein-fließen – jedenfalls wünsche ich dir und mir das: Ein großer Teil der Verände-rungen und Umbrüche, die ja teils mit Unbequemlichkeiten, Unsicherheiten und Schmerzen verbunden sind, und ein Teil der gewalttätigen Auseinander-setzungen, die aus angestautem Frust, Langeweile und Orientierungslosig-keit entstehen, ließe sich vermeiden. Es müssen die bereits vorhandenen viel versprechenden Experimente gefördert, den ersten Ansätzen eine positive Unterstützung gewährt und ihnen geholfen werden Beachtung und Aner-kennung zu finden. Die leise und behutsame Anpassung an Veränderungen vollzieht die Natur kontinuierlich seit fünf Milliarden Jahren. Was sich als positiv erweist und nützt, wird ausgebaut, was schädlich oder überflüssig ist, wird vernachlässigt. Die Natur verschwendet nichts und lässt nichts Sinnlo-ses zu. Das nennt man Evolution. Da auch der Mensch ein Teil der Natur ist, haben wir es dieser Tatsache zu verdanken, dass wir so sind, wie wir sind.

Von der Idee zur Tat

Der schwierigste Teil, eine eigene Komplementärwährung zu schaffen, ist nicht die Erfindung einer neuen Variante selbst. Auch die Gründung eines solchen Zahlungs- und Tauschsystems ist nicht so schlimm. Die größte Herausforderung besteht darin, die Gemeinschaft, in der du sie verwirklichen willst, davon zu überzeugen, dass sie sie akzeptiert und auch wirklich verwendet. Alle haben sich über die Geschichte hindurch so an das Geld gewöhnt, dass es vielen einfach nicht in den Sinn kommt, sich eine Alternative dazu vorzustellen.

Deswegen muss eine solche neue Währung ganz besonders vertrauenswürdig sein – wie »Terra« eben das Zeug dazu hat. Sie muss zum richtigen Zeitpunkt aufs Tapet gebracht werden. In einer Krisensituation hören die Menschen eher zu und sind leichter zugänglich für Hilfsmaßnahmen. Wenn es ihnen gut geht, neigen viele Menschen dazu, überheblich zu werden und sich über fremde Dinge zu mokieren. Eine Person oder eine Gruppe muss die Führung übernehmen und ihr auch wirklich gewachsen sein. Dazu wird Vorstellungskraft benötigt, unternehmerische Fähigkeit und Ausstrahlung. Alle drei sind wichtig, sonst scheitert das Projekt. Viele sind aber auch deswegen im Sande verlaufen, weil die Initiatoren irgendwann keinen »Bock« mehr hatten, ständig hinter anderen Leuten herzulaufen.

Dann muss entschieden werden, welches Währungssystem das richtige ist für deinen Zweck. Je nachdem, welches Ziel erreicht werden soll, kann beispielsweise eine Komplementärwährung sinnvoller sein, die unabhängig ist, oder eine, die eine sinnvolle Einheit mit der offiziellen Währung eingeht. Eine Stunde ist bei unabhängigen Systemen die sinnvollste Einheit. Wechselseitige Kreditsysteme haben zudem den Vorteil, dass sie keine Gefahr für eine mögliche Inflation der Landeswährung darstellen.

Nun genügt es natürlich nicht, einfach eine neue Währung zu erfinden, sie muss ja auch funktionieren. Da reguläres Geld in unserer Gesellschaft diese übermächtige Rolle spielt, gibt es ein Reihe von Organisationen, Institutionen und Leute, die mit hineinreden wollen oder können. Auch auf Neid und

Missgunst wird man sich gefasst machen müssen, das ist eine allzu menschliche Verhaltensweise.

Solange Komplementärwährungen mehr oder weniger im Verborgenen blühen, kümmert sich kaum jemand darum. Werden sie jedoch erfolgreich – und wie wir gesehen haben, ist das ziemlich oft der Fall –, fühlen sich viele verunsichert oder gar bedroht.

Wollen wir jedoch nachhaltig erfolgreich sein mit unseren Komplementärwährungen und die anstehenden Probleme wirklich bewältigen, so ist es sicher klug, diese Ängste und Einwände mit einzukalkulieren, sie aufzufangen oder ihnen zu begegnen. Denn wenn wir nur einmal an die Zentralbanken denken, wird klar, dass diese die Möglichkeit haben, Komplementärwährungen einfach zu unterbinden, wenn sich zu viele Menschen dafür interessieren. Davon haben wir ja schon gehört. Andererseits haben auch sie meist ein Interesse an der langfristigen Lösung der anstehenden Probleme.

Zunächst einmal zu den gesetzlichen Bedingungen: In den meisten Ländern gibt es kein Gesetz, das es Gemeinschaften verbietet, eigene Tauschmittel zu erfinden und sich darüber zu einigen. Andererseits haben in den meisten Ländern die Banken – insbesondere die Zentralbank – das Sagen, was die gesetzlichen Zahlungsmittel angeht.

Das bedeutet zunächst einmal so viel: Du kannst niemanden zwingen deine Komplentärwährung als Zahlunsgmittel anzuerkennen und du wirst auch weiterhin Steuern in »echtem« Geld zahlen müssen. Wenn du eines Tages deine normalen beruflichen Arbeiten gegen Zahlung einer Komplementärwährung ausführst, wirst du trotzdem Steuern dafür zahlen müssen. Wenn dagegen Menschen sich untereinander einfach helfen, so ist das in den meisten Ländern nicht steuerpflichtig.

Im Rahmen einer neuen gemeinsamen Sozialpolitik könnte man Komplementärwährungen eine richtige Rolle neben dem Euro zubilligen. Das würde praktisch nichts kosten. Es müssten nur Hürden und Hindernisse beseitigt werden. Dabei könnte auf vier unterschiedlichen Ebenen vorgegangen werden, die sich vor allem nach der Höhe der Arbeitslosenzahlen richten könnten:

1. Die europäischen Länder tolerieren Komplementärwährungen und unternehmen nichts gegen sie. Einkommen in Komplementärwährung werden regulär versteuert, in Euro bezahlt und gegen Arbeitslosengeld aufgerechnet.

2. Die Komplementärwährung wird gefördert, so wie die Time Dollars in den USA.

3. Die Komplementärwährung wird stark unterstützt. Dazu wird sie systematisch subventioniert und bezuschusst, insbesondere wenn sie bei geringeren Kosten bessere Ergebnisse erzielt als der Euro. Einkommen in der Komplementärwährung sollten steuerfrei sein. Die Unternehmen, die mit Komplementärwährungen arbeiten, sollten steuerlich erheblich entlastet werden. Ihre Komplementäreinnahmen sollten sie als Spenden absetzen können.

4. Noch effektiver wäre es, wenn die lokalen Steuern für die Gemeinde, in der man lebt und arbeitet, in Komplementärwährung bezahlt werden können. Denn diese Währung bleibt ja im Ort und es gibt keinen triftigen Grund, warum es sich hier nicht um eine Komplementärwährung handeln sollte.

11. E-Mail

To: sylvie@home.de
From: bernard@futuremoney.de

Chère Sylvie,

mit dem, was ich dir erzählt habe, ist nichts anderes als ein Wandel der Werte gemeint, die für uns alle wichtig sind. Werte sind etwas, woran wir uns orientieren, was uns Halt gibt und was uns letztendlich die manchmal lebenswichtige Einteilung in »gut« und »böse«, »in Ordnung« und »gefährlich« erleichtert. In der letzten Zeit wurde deshalb auch immer wieder beklagt, dass es deiner Generation an Werten fehlt, weil die Erwachsenen nicht mehr wissen, was sie ihren Kindern vermitteln sollen. Ich weiß nicht, ob du das für dich selbst bestätigen kannst, aber bezogen auf die gesamte Gesellschaft ist an dem Verlust alter Werte eine Menge Wahres. Aber das muss ja nicht immer unbedingt negativ sein. Denn manche Werte müssen sich auch verändern, weil sie ihre Zeit überlebt haben. So haben wir uns lange an dem geltenden Währungssystem und seinen Eigenschaften wie Wettbewerb und Konkurrenz orientiert. Jetzt brauchen wir eine geistige und reale Erweiterung, um unser ganzes Potenzial zu entdecken.

Ich meine, wir beide wissen, dass sie zum Greifen nah ist.
Also, packen wir's an!
Tschüs, Bernard

Teste deinen Geld-IQ

10. Frage: Wie können wechselseitige Kredite dazu beitragen,
die gesellschaftlichen Probleme zu lösen?

a   Sie reduzieren die Steuern, die die Leute zu zahlen haben.
b   Sie liefern überhaupt keinen Beitrag.
c   Sie ermöglichen auch denjenigen, die nur über wenig
konventionelles Geld verfügen, an Tauschvorgängen
teilzunehmen.

11 | FIT FOR NEW MONEY

DU BESTIMMST, WAS GELD IST

Nun ist deutlich geworden, dass wir durchaus mehr Möglichkeiten haben, über unsere Zahlungs- und Tauschmittel zu bestimmen und damit die anstehenden Problemen zu lösen, als uns bewusst und vielleicht auch als es erwünscht ist. Nun wirst du dich fragen: »Was kann ich jetzt tun, um etwas zu bewegen – nicht erst später, wenn ich älter, beruflich erfolgreich und vielleicht schon verstrickt bin im herkömmlichen Geldsystem?« Da du jetzt eingeweiht bist, trägst du ja auch eine besondere Verantwortung.

Den ersten Schritt hast du getan, indem du dieses Buch gelesen hast. Nun ist es wichtig, dass du dich weiter informierst, Zeitungen und Zeitschriften liest, dir weiter Bücher suchst, dir spezielle Sendungen im Fernsehen heraussuchst. Dann kannst du dazu beitragen, dass andere Menschen – deine Eltern, deine Familie, deine MitschülerInnen, deine LehrerInnen – ebenfalls erfahren, was es mit dem Geld auf sich hat und wie wir alle gemeinsam die anstehenden Probleme werden lösen können. Entscheidend ist ja vor allem, wie wir inzwischen wissen, dass sich die eingefahrenen Denkmuster auflösen. Versuche einfach keiner Diskussion aus dem Wege zu gehen. In der Schule kannst du dieses Thema für eine Projektwoche vorschlagen. Ihr könntet unter anderem Vorträge organisieren und dazu Politiker, Bankfachleute, Wirtschaftswissenschaftler oder Geldexperten einladen. Ein anderes Thema für eine Projektwoche oder eine AG wäre der bewusstere Umgang mit Geld.

Darüber hinaus kannst du anregen, dass ihr in der Schule oder wo auch immer ein Geldspiel spielt, beziehungsweise ein Komplementärsystem für Schule und/oder Freizeit umsetzt, das ich eigens für euch entwickelt habe. Die Ausgangsidee, die mich dabei bewegt hat, war diese: Ist es möglich, mit Hilfe einer Komplementärwährung ein System zu schaffen, in dem man sich Wissen und Fähigkeiten verschafft und Wissen und Fähigkeiten weitergibt in allem, was einem Spaß macht?

Der beste Weg, etwas zu lernen, ist meines Erachtens, es anderen beizubringen, die weniger wissen als man selbst und gerne mehr wissen möchten. Warum solltest du nicht jemanden finden, dem du etwas beibringen kannst, was du gut kannst und er oder sie nicht? Umgekehrt: Sicher gibt es Dinge, in denen du gerne besser Bescheid wüsstest. Das kann ja alles Mögliche sein und muss gar nichts mit eurem Schulstoff zu tun haben (kann es aber natürlich, wenn es euch Spaß macht). So kann es sein, dass du einen Kräutergarten anlegen möchtest, Kanu fahren oder Spuren lesen lernen möchtest, erfahren, ob dir Kickboxen mehr liegt als Tai-Chi, ob du in Gokart-Fahren oder in einer besonders hippen Tanzart trainiert werden möchtest. Vielleicht möchtest du aber auch Zulu oder Italienisch lernen, mehr über Astronomie erfahren oder bestimmte Tricks in einem neuen Computerprogramm lernen und und und. Den Möglichkeiten sind keine Grenzen gesetzt. Der Unterschied zum Lernen und Lehren in der Schule ist der, dass du nichts machen solltest, was dir keinen Spaß macht. Im Gegenteil: Ohne Fun bringt das alles nichts.

»Man muss lernen, wo man kann. Selbst in Niederlagen. Und man darf nicht aufhören!«
Keeper Oliver »King-Kahn« über das Geheimnis seines Erfolgs,

nachdem Bayern München nicht nur Deutscher Meister wurde, sondern auch die Champions-League gewann und Oliver Kahn zum besten Torwart der Welt gekürt wurde.

Die einfachste Version des Austausches ist natürlich, dass du jemanden findest, der das kann, was du möchtest, und der das sucht, was du kannst. Dieser Fall ist aber wohl außerordentlich selten. Um die Chancen zu erhöhen, musst du einen Tauschring entwickeln. Dafür brauchst du als Erstes ein Tauschmittel. Du kannst ihm einen Namen geben, der dir gefällt. Es könnte beispielsweise Love, Teach 'n' go oder Hipp, LeByTe (sprich: libaiti) für »Learning by Teaching« oder FIT für »FIT for new Money« heißen – schön wäre es, wenn der Name irgendeine Beziehung zu eurem Tun haben könnte, was zugegebenermaßen nicht ganz einfach ist.

Hier will ich die Einheit MUSE (sprich: mju:z) verwenden. MUSE ist die Abkürzung für »mutual unit for sustainable education«. Es steht als Tauschmittel für eine Stunde, in der du jemand anderem etwas beibringst.

Wie du vielleicht weißt, waren die neun Musen in der griechischen Mythologie die inspirierenden Schutzgöttinnen des Wissens und der Künste. Im Deutschen sagt man auch von jemandem, der inspiriert ist, er sei »von der Muse geküsst«. Schauen wir also einmal, wie du und all deine Freunde einen solchen Kuss bekommen könnt . . .

Damit du begreifst, wie einfach das funktioniert, musst du dir zwei verschiedene Ebenen vorstellen. Die erste ist ein MUSE-Spiel, das du in deiner Klasse oder mit deinen Freunden spielen kannst – nennen wir es dein lokales MUSE-Spiel – und bei dem du das Geld selbst herstellen kannst. Die zweite könnte sich zu einem großen, weltweiten Spiel entwickeln, zu dem wahrscheinlich einige Erwachsene und etwas konventionelles Geld erforderlich wären – nennen wir es das große MUSE-Spiel. Und wenn wir uns diese Spiele richtig zurechtbasteln, müsste dein persönliches Muse-Spiel genau in das große Muse-Spiel hineinpassen, wie ein Puzzleteil seinen richtigen Platz in dem großen Bild findet . . .

DAS LOKALE MUSE-SPIEL

Und nun zur Sache: Als Erstes musst du natürlich Mitstreiter finden. Dann braucht ihr einen Schiri, der die ganze Angelegenheit überwacht und den Schiedsrichter macht. Das kann auch euer Lieblingslehrer sein. Im Gegensatz zum Fußball kann der Schiri hier selbst mitmachen. Je nachdem, wie viele Leute ihr seid, braucht er oder sie Papier und Schreiber oder ein spezielles Computerprogamm. Wenn ihr richtig viele seid, empfiehlt sich Letzteres. Hierzu könntet ihr euch kostenlos die Software »Time Keeper« runterladen: www.futuremoney.de/MUSE.

Jeder der Teilnehmer bekommt zehn MUSE als Startkapital. Der Schiri notiert die Namen und wie viele MUSEs während des Spiels ge- und verliehen werden. Dabei sollte sich niemand scheuen auch wirklich das anzugeben, was er möchte und was ihm Spaß macht. Er listet gewissermaßen Angebot und Nachfrage auf und macht das auch öffentlich – am besten an einem schwarzen Brett. Zudem führt der Schiri die Konten. Dann macht ihr eine Gründungsveranstaltung, in der ihr eure Regeln festlegt. Dann solltet ihr euch gegenseitig vorstellen und erzählen, was ihr möchtet und was ihr sucht. Sicher ergibt sich da noch eine Menge neuer Ideen. Dieser Informationsaustausch sollte regelmäßig stattfinden. Auch wenn ihr sonst elektronisch in Kontakt steht, solltet ihr euch vor allem von Aug zu Aug austauschen. Denn das System soll ja auch die Gemeinschaft und Freundschaft fördern.

Für manche Angebote und Nachfragen ergibt sich sicher erst später eine Gelegenheit, wenn neue Leute dazukommen und je mehr mitmachen. Ihr könnt aber auch gezielt Leute von außen anwerben, wenn bestimmte Angebote und Nachfragen nicht abgedeckt werden. Wenn jemand später ins Spiel einsteigt, bekommt er automatisch zehn MUSE als Startkapital.

Natürlich kann jeder Teilnehmer sein persönliches Angebot und seine persönliche Nachfrage jederzeit ändern. Allerdings ohne seine »Lehrlinge« jäh im Stich zu lassen, das sollte eine eurer Regeln sein.

Die Herausforderung ist: Du musst deine Lehrstunden einigermaßen gut vorbereiten, denn deine Schüler wollen sich ja nicht zu Tode langweilen. Wenn du schlecht bist und nervst, springen sie ab und du guckst MUSE-mäßig in die Röhre. Dein Konto bleibt leer, tote Hose.

Für eine Stunde Unterricht bekommst du von jedem Teilnehmer einen MUSE. Derjenige, der bezahlt, sollte den Schiri informieren, dass dir Zuwachs auf deinem Konto zusteht. Wer anfangs selbst nur lernt, darf durchaus auch Schulden auf seinem Konto machen. Dieser Kredit sollte allerdings begrenzt sein. Denn sonst wird auch »Billigheimern« Tür und Tor geöffnet. Je länger jemand mitspielt, desto höher kann der »Erziehungskredit« sein. Die Konten sollten einsehbar für alle Teilnehmer sein, damit Mauscheleien ausgeschlossen werden. Deine MUSE-Balance dürfen sich alle anderen beim Schiri abfragen. Denn dieses ist ein Spiel mit Geben und Nehmen. Einseitiges Nehmen oder Geben ist nicht gefragt, denn das killt das Spiel.

Wer aus dem Spiel ausscheidet, muss ein ausgeglichenes Konto haben. Das ist eine Bedingung, die jeder eingangs unterschreiben muss. Ausnahmen gibt es natürlich auch: Krankheit, Schulwechsel, Umzug und ähnlich. Wird dem Schiri die Arbeit zu viel – vor allem wenn die Teilnehmerzahl wächst, kann er nach einem Schuljahr den Job abgeben oder sich jemanden gegen die Bezahlung von MUSEs zur Hilfe holen. Nach einer Weile braucht ihr vielleicht auch einen Sprecher/eine Sprecherin, der/die euch nach außen vertritt und vielleicht auch die PR und Werbung macht.

Als nächster Schritt ist eine Kommunikation mit anderen ähnlichen Gruppen denkbar oder die Einrichtung weiterer Gruppen. Dieser Austausch könnte über das Internet stattfinden. Dazu richtet ihr euch dann eine eigene Website ein. Und natürlich könnt ihr auch eurer Angebot erweitern – je nachdem, wie sich eure Gruppe entwickelt. In dem Maß, wie ihr euch für diese Sache engagiert, hat sie auch die Chance, zu wachsen. Wenn ihr erfahrener werdet, werden möglicherweise auch eure Interessen andere werden: Vielleicht möchtet ihr nun an eurer Schule etwas Besonderes organisieren, sei es ein Nachhilfesystem, ein Ring, der sich um Sport oder Musikveranstaltungen kümmert, oder ein System, dass sich um Antigewalt-Projekte, lokale Umweltmaßnahmen oder sonstige Events kümmert. Dann könnt ihr euch überlegen, inwieweit ihr Politiker, Journalisten, Stadtverwaltung, Banken und örtliche Unternehmen mit einbeziehen wollt.

Sicher müsst ihr euch auch neue Organisationsstrukturen einfallen lassen. Ihr könntet einen Beirat aus wichtigen Vertretern eurer Kooperationspartner ins Leben rufen. Der könnte für eure Sache Werbung machen und weitere Mitstreiter auf die Fahnen holen. Dann solltet ihr versuchen, so oft wie möglich in die Zeitung zu kommen und an jeder Veranstaltung teilzunehmen, die sich in irgendeiner Weise anbietet.

Seht euch doch mal den Artikel in dem Kasten an – schon toll, was die Kinder in der Slowakei draufhaben!

Das folgende Projekt stellt ein Beispiel dar, wie Kinder bereits effektiv mit komplementären Währungen arbeiten. Ihr Hauptziel war zwar nicht das gleiche wie im MUSE-Spiel, doch ihr Projekt stellt auf jeden Fall eine Möglichkeit dar, wie es gespielt werden kann.

Bericht aus der Slowakei
von David Boyle, einem Journalisten bei der Financial Times, London

Du kannst Gesangsstunden nehmen, du kannst die Hunde anderer Leute Gassi führen, du kannst Englischunterricht geben – und du kannst damit Zeit-Dollars verdienen. So lautet die Botschaft in einem neuen Netzwerk von erfolgreichen Kinder-Zeitbanken im Norden der Slowakischen Republik.

Die seit 1993 unabhängige Slowakei hat als jüngstes Land die Zeit-Dollar-Idee übernommen – unterstützt vom amerikanischen Hilfsprogramm US-Aid.

Das erste Zeit-Dollar-Programm in Osteuropa begann im slowakischen Kurort Rajecke Teplice, dank dem örtlichen Kulturverein NGO. Er organisierte ein großes Freizeitprogramm für bis zu 600 einheimische Kinder und stand vor dem Problem, ob er die Eltern für alle Aktivitäten – von Theateraufführungen bis zu kunsthandwerklichen Tätigkeiten – zur Kasse bitten sollte.

»Wir befürchteten, wenn unsere Angebote kostenlos wären, würden die Leute nicht viel von ihnen halten«, erklärt die Mitarbeiterin Zuzana Polackova. »Aber wenn wir wirklich Geld verlangen würden, könnten sich viele das nicht leisten.« Zeit-Dollars waren die Lösung. Statt die Eltern zur Kasse zu bitten berechnet man den Kindern Zeit-Dollars, die sie abzahlen, indem sie Behinderten helfen, Englischkurse geben oder andere Tätigkeiten in der Gemeinde ausüben.

Inzwischen gibt es ein Netzwerk von sechs Zeit-Dollar-Programmen, Casova Banka (Zeitbank) genannt, an dem Kinder zwischen acht und sechzehn als Banker und Mitglieder des Bankenaufsichtsrats mitwirken. »Sie nehmen das sehr ernst«, sagt Zuzana. »Wir bitten sie, einen Vertrag zu unterschreiben, bevor sie mitmachen, und lassen ihn auch von ihren Eltern unterschreiben. Inzwischen ist das ein sehr beliebtes Projekt.« Mittlerweile haben die Zeitbanken 150 Mitglieder – und womit niemand gerechnet hat: Über 200 Erwachsene sind davon so begeistert, dass sie selbst mitmachen wollen.

Im Februar organisierte Zuzana an der Universität in Zilina eine große Konferenz, die zum Teil vom Knowhow Fund der britischen Regierung finanziert war und an der über 60 einheimische Akademiker, Beamte und Schüler teilnahmen, um für die Verbreitung der Idee zu sorgen. »Die Grundregel unserer Arbeit mit Kindern besagt, dass wir in ihnen Partner sehen«, erklärt Zuzana. »Sie sind in der Lage, Entscheidungen im Hinblick auf all unsere Projekte zu treffen – wir haben sogar ein aus Kindern bestehendes Beratungsgremium – und daher sind sie über alles absolut informiert.

zuzpol@E-Mail.cz

Natürlich kann es sein, dass dieses Lernprojekt zum Teil auch mit konventionellem Geld finanziert werden muss. Wenn ihr beispielsweise jemandem beibringt zu malen, sollten die Kosten für die Rohmaterialien und die erforderliche Ausrüstung (Farben, Pinsel, Leinwand) mit normalem Geld erstattet werden, und zwar aus dem einfachen Grund, weil die konventionellen Geschäfte, die solche Dinge verkaufen, keine MUSEs als Bezahlung akzeptieren würden. Ein Tipp: Erzählt den Geschäftsinhabern von eurem Spiel. Vielleicht geben sie euch dann einen Rabatt! Wichtig aber ist, dass der Unterricht und das Wissen an sich nur in Stunden bezahlt werden.

Ein solcher Gruppenunterricht könnte an jedem geeigneten Ort stattfinden: zum Teil bei euch zu Hause (natürlich nur wenn eure Eltern es erlauben) oder in Klassenzimmern außerhalb der Schulstunden (holt die Erlaubnis der Schulleitung ein!) – oder einfach im Freien, wenn das Wetter mitmacht ...

Hier die zehn Regeln eures lokalen MUSE-Spiels:

1. Bietet alles an und interessiert euch für alles, was euch wirklich den größten Spaß macht – das werden auch die Gebiete sein, auf denen ihr schließlich den größten Erfolg habt. Das MUSE-Spiel unterscheidet sich vom normalen Lernen in der Schule. Sein Sinn und Zweck ist es, das zu lernen und zu unterrichten, was ihr am liebsten macht. Daher wird das Spiel auch den anderen Menschen, mit denen ihr euer Wissen und Können austauscht, sehr viel Spaß machen!

2. Wenn ihr in eurem ursprünglichen Kreis niemanden findet, der euch etwas beibringen kann oder interessiert daran ist, etwas zu lernen, was ihr am liebsten anbietet, dann seht euch außerhalb dieser ersten Freundesgruppe um: bei älteren oder jüngeren Schülern aus anderen Klassen, bei Erwachsenen, bei euren oder anderen Eltern, sogar bei Lehrern, Professoren und Berufstätigen. Ihr werdet vielleicht staunen, wenn ihr feststellt, was für Menschen Lust haben, bei eurem Spiel mitzumachen, sobald sie es verstanden haben.

3. Es sollte immer derjenige, der die MUSEs bezahlt, dem Schiedsrichter mitteilen, wie viele Stunden demjenigen gutzuschreiben sind, der ihm etwas beibringt. Sein eigenes MUSE-Konto wird dann gleichzeitig mit derselben Summe belastet. Dies kann mündlich, telefonisch oder schriftlich erfolgen, je nach Größe der betreffenden Gruppe.

4. Am Anfang könnt ihr eure ersten zehn MUSE-Stunden ausgeben und ihr solltet euch nicht scheuen, die zusätzlichen Stunden zu »borgen«, wenn ihr sie braucht (d. h. euer MUSE-Konto hat dann einen Minussaldo). Das ist natürlich einer der großen Unterschiede zwischen MUSEs und »normalem« Geld (bei konventionellem Geld ist es immer »gut«, einen positiven Saldo zu haben).

    Das »Gute« an MUSEs besteht darin, dass ihr das Konto so oft wie möglich ausgleicht. Ein weiterer wichtiger Unterschied: Für eure geborgten MUSEs werden keine Zinsen berechnet. Doch um Missbrauch zu vermeiden, sollten solchem »Borgen« gewisse Grenzen gesetzt werden. (Ich schlage vor, dass am Anfang die Schulden maximal 20 MUSE-Stunden betragen sollten. Wer das Spiel schon länger als drei Monate spielt, kann seinen negativen Saldo auf 50 MUSE-Stunden erhöhen.) Nicht vergessen: Das Wichtigste ist, dass alle stets in der Lage sein können und sollen, etwas zu unterrichten, um sich das Guthaben zu verdienen, das sie haben wollen.

5. Für Ehrlichkeit bei diesem Spiel wird dadurch gesorgt, dass sämtlichen Mitspielern Einblick in alle Konten gewährt wird. Sie erkundigen sich einfach beim Schiedsrichter. Schließlich ist es ganz legitim, wenn jemand euren MUSE-Kontostand wissen will, bevor er euch mehr beibringt oder von euch etwas lernt. Denn jemand, der immer Kurse nimmt, aber sich weigert welche zu geben oder umgekehrt: jemand, der immer nur Lehrer sein und nicht von anderen lernen will, könnte das Spiel für alle killen, wenn das auf die Spitze getrieben würde . . .

6. Man kann jederzeit aus einem MUSE-Spiel aussteigen, aber eine Bedingung sollte Ehrensache sein, wenn man daran teilnimmt: Man sollte zuerst für einen positiven Saldo auf seinem Konto oder zumindest für plus/minus null sorgen, bevor man aufhört. Wenn jemand für immer aus dem Spiel aussteigt, streicht der Schiedsrichter einfach den Namen und den Saldo in dem entsprechenden Konto.

7. Es hat sich bewährt, einen Schiedsrichter nur für einen bekannten und begrenzten Zeitraum zu wählen. Und am Ende dieses Zeitraums sollte ihm oder ihr Gelegenheit gegeben werden, sich zu entscheiden, ob er oder sie eine weitere Periode amtieren will oder ein neuer Schiedsrichter gewählt werden soll.
   Den Schiedsrichter zu spielen kann eine Menge Arbeit machen, besonders wenn sich das System ausweitet. Daher ist es nur fair, diese Arbeit des Schiedsrichters nicht für selbstverständlich zu halten und mit MUSEs zu bezahlen und nach einer Zeitperiode jemand anderen diese Arbeit verrichten zu lassen.

8. Bei diesem Spiel gibt es keine Verlierer ... Jeder gewinnt, der am meisten Spaß hat. Aber wenn ihr über 40 MUSE pro Monat austauscht (also mehr als 40 Lernstunden pro Monat gebt und nehmt), bekommt ihr einen Bonus von zehn MUSE.

9. Wenn euer Spiel mindestens drei Monate lang läuft, wählt ihr eine zweite Person neben eurem Schiedsrichter: einen Sprecher oder eine Sprecherin. Diese Person sollte aus dem Kreis derer gewählt werden, die Zugang zu einem Computer und einige Internetkenntnisse haben. Der Sprecher sollte für einen längeren Zeitraum als der Schiedsrichter gewählt werden – etwa für ein Jahr. Er oder sie wird ebenfalls stundenweise in MUSEs bezahlt: Er oder sie wäre dafür zuständig, die Außenwelt über die Tätigkeit eurer Gruppe zu unterrichten. Die erste Aufgabe besteht darin, die Existenz und die Tätigkeit eurer Gruppe

auf der speziellen Website www.futuremoney.de/MUSE anzuzeigen. Ihr werdet bald sehen, warum das wichtig ist: Damit wird es eurem lokalen MUSE-Spiel ermöglicht, sich mit dem großen MUSE-Spiel zu vernetzen. Und wenn eure Gruppe sich eine Möglichkeit ausdenken kann, wie das ganze Spiel effektiver werden und allen mehr Spaß machen könnte, bekommt sie 300 MUSE, die ihr nach Belieben unter euch aufteilen und für die Zusammenarbeit mit anderen Gruppen verwenden könnt.

10. Letzte Regel: Niemand sollte jemals gezwungen werden eine MUSE-Lernstunde zu nehmen oder anzubieten. Außerdem sollten die beiden Funktionsträger – Schiedsrichter und Sprecher – demokratisch gewählt werden, am besten durch geheime Abstimmung (bittet vielleicht einen unabhängigen Erwachsenen, etwa einen Lieblingslehrer, solche Wahlen zu leiten).

Hoffentlich machen andere es nun genauso wie ihr, damit möglichst viele lokale MUSE-Systeme zunächst im deutschsprachigen Raum und dann in anderen Ländern entstehen.

Das grosse MUSE-Spiel

Bis dahin müssten einige von den Älteren unter euch, vielleicht auch einige Erwachsene, eine nicht gewinnorientierte MUSE-Organisation auf die Beine stellen, die für die Leitung des großen MUSE-Projekts zuständig wäre. Sie hätte zwei Hauptfunktionen:

1. Kontakt mit den von jedem lokalen MUSE-Spiel gewählten Sprechern (siehe oben) zu halten, die Kommunikation zwischen den lokalen Gruppen zu ermöglichen und bei der Koordinierung gemeinsamer Aktivitäten der Gruppen mitzuwirken.

2. Aktivitäten zu organisieren, die den Wert der MUSE-Währung über das hinaus sichern, was die lokalen Betreiber selbst erwirtschaften können.

Solche Aktivitäten werden es erfordern, etwas konventionelles Geld (Euro, Dollars usw.) aufzutreiben – daher der juristische Status einer nicht gewinnorientierten Organisation. Aber dieses Kapitel würde dafür sorgen, dass sich der Lerneffekt auf eine Weise multipliziert, wie es vermutlich bislang keinem anderen Projekt gelungen ist.

Wir werden uns hier nur ein paar Beispiele der beiden Aktivitätentypen des großen MUSE-Spiels genauer ansehen. Andere könnten von eurer lokalen MUSE-Gruppe und anderen Gruppen ausgedacht und vorgeschlagen werden.

DIE KOMMUNIKATION ZWISCHEN DEN LOKALEN MUSE-SPIELEN

In dieser Kommunikationsfunktion ist das große MUSE-Spiel vor allem eine Internetorganisation, deren Aufgabe es wäre, die entsprechenden Websites für jede Hauptsprachengruppe zu unterhalten, wo lokale MUSE-Gruppen aktiv sind (im deutschsprachigen Raum wäre dies etwa die Website www.futuremoney.de/MUSE).

In erster Linie sollte dies eine Dienstleistungsorganisation sein, die sich um die Wünsche und Vorschläge der lokalen Gruppen kümmert und diesen Gruppen dabei hilft, sich zu entwickeln und zu vernetzen. Sie könnte auch einige eigene Initiativen ergreifen, und zwar unter der Bedingung, dass diese Initiativen den Wert der Aktivitäten der lokalen MUSE-Gruppen fördern und vergrößern.

BEISPIELE VON AKTIVITÄTEN, DIE DURCH DAS GROSSE MUSE-SPIEL ORGANISIERT WERDEN

Eine der Aktivitäten des großen MUSE-Spiels könnte darin bestehen, gleich nach den Sommerferien ein großes Popkonzert mit euren Lieblingskünstlern zu organisieren – am Eingang werden natürlich nur MUSEs akzeptiert! Das würde dafür sorgen, dass die MUSE eine »überlegene Währung« würde, wie die Wirtschaftsfachleute dies nennen – ihr wahrgenommener Wert würde dadurch erhöht, dass sie etwas bieten würde, was sich nicht einmal mit konventionellen Euros kaufen ließe . . .

Das große MUSE-Spiel könnte auch eine Umfrage unter den lokalen Gruppen veranstalten, welches ihrer Meinung nach die »beliebtesten Künstler« sind, die die Mitglieder in einem solchen Konzert erleben möchten. Eine derartige Umfrage bietet die Möglichkeit, diese Künstler zu bitten, zum Selbstkostenpreis aufzutreten, und sie hoffentlich dazu zu bewegen, keine Gagen in astronomischer Höhe zu verlangen. Die Unkosten solcher Auftritte in konventioneller Währung (Miete für Bühne und Equipment, Stromkosten usw.) sollten von der nicht gewinnorientierten MUSE-Organisation bezahlt werden. Dies ist ein Beispiel, wofür konventionelle Währungsmittel im großen MUSE-Spiel benötigt würden. Denkt daran, dass Weltklassekünstler schon wiederholt bereit waren für eine gute Sache umsonst ein Konzert zu geben – dem weltweit übertragenen Live-Aid-Konzert etwa, das in den 1980er-Jahren Geld für Äthiopien sammelte, gelang es, nicht einen, sondern mehrere dutzend Weltstars dazu zu bringen, ohne Gage aufzutreten . . .

Ein anderes Beispiel einer Aktivität des großen MUSE-Spiels: Wendet euch an einige der bedeutendsten Künstler und Nobelpreisträger der Welt und bittet sie der nächsten Generation ein Geschenk zu machen, indem sie einen Workshop, einen Vortrag oder eine persönliche Patenschaft für die jungen Leute anbieten, die dies gewünscht und etwa 500 MUSE dafür bezahlt haben.

Nicht vergessen: Jugendliche können sich diese MUSEs nur in ihren lokalen Gruppen verdienen, indem sie Kurse oder Workshops für andere geben, normalerweise für noch Jüngere. Und die Kette läuft weiter: Diese Jüngeren können sich ihrerseits die für den Kurs bei den Älteren benötigten MUSEs verdienen, indem sie selbst jemanden unterrichten. So könnte eine große Kette von Lernen und Lehren entstehen, bis hinunter zu den Fünfjährigen, falls sie Interesse hätten.

Und so schließt sich der Kreis: Die weltberühmten Künstler und das Konzert würden die MUSEs der nicht gewinnorientierten MUSE-Organisation zurückgeben, die sie wiederum den Fünfjährigen in den lokalen Gruppen schenken würde – oder wer sonst nicht in der Lage ist, etwas unterrichten zu können. Das könnte schließlich das erste Perpetuum mobile werden, das tatsächlich funktioniert – ein Kreislauf von Lernen und Lehren, der nie aufhört ...

Glaubt ihr nicht, dass zumindest einige von diesen weltberühmten Künstlern, Nobelpreisträgern und Wissenschaftlern bereit wären diese Geschenke zu machen, wenn sie sich darüber klar sind, dass sie hunderttausende von Jugendlichen dazu bewegen, ihre Künste und Fertigkeiten zu erlernen?

Könnte auf diese Weise nicht eine Welt entstehen, in der das Lehren und Lernen nicht mehr durch die Notwendigkeit begrenzt ist, Bildung und Erziehung ausschließlich mit konventionellem Geld zu bezahlen?

EINE NACHHALTIGE WELT DES LERNENS?

Nachhaltigkeit hat nicht nur etwas mit der Umwelt zu tun. Warum sollte aus unserem Lernen nicht auch ein nachhaltiges, unablässiges Spiel im Leben werden?

Ich hatte einmal einen Traum. Ich träumte, dass jedes auf diesem Planeten geborene Kind eigentlich ein Genie ist. Alles, was ein bestimmtes Kind besonders mag, kann ein Hinweis darauf sein, auf welchem Gebiet es ein Genie ist.

Könnte es nicht sein, dass Genies in unserer Gesellschaft einfach deshalb so selten sind, weil weder die Eltern noch die Lehrer noch das Kind selbst jemals herausfinden, worin dieses Kind ein Genie ist?

Oder vielleicht schlimmer noch: Selbst in den wenigen Fällen, in denen die tiefste Leidenschaft eines Kindes entdeckt wird – wie viele haben die Chance, die entsprechenden Fähigkeiten zu entwickeln, um darin Meister zu werden und dadurch ihre potenzielle Genialität zum Ausdruck zu bringen?

Wie viele Mozarts, Einsteins oder Picassos bringt unsere Welt jeden Tag um? Können wir es uns leisten, weiterhin die geistigen Anlagen auch nur eines einzigen Kindes zu vergeuden?

Außerdem bin ich überzeugt, dass leider höchstwahrscheinlich nicht genügend konventionelles Geld in den richtigen Händen ist, damit ein solcher Traum bald Wirklichkeit wird. Selbst unser Bildungssystem ist nicht darauf eingestellt, eine solche Rolle zu spielen. Vielmehr besteht seine wichtige Hauptfunktion darin, die üblichen Fähigkeiten und das Wissen anzubieten, die notwendig sind, damit dieses Kind heranwächst und in der Lage ist, in den bestehenden Jobs in der Gesellschaft zu funktionieren. Das ist absolut okay, aber es ist weit davon entfernt, den offenen Raum fürs Lernen zu schaffen, den das MUSE-Spiel zu einem Freiraum zu machen hofft.

Kurz gesagt: Das MUSE-Projekt würde ein Lernen ermöglichen, das den konventionellen Bildungs- und Erziehungsprozess ergänzt, genau so, wie es von einer das konventionelle Geld ergänzenden Währung in Gang gehalten wird. Und das würde weder Staat noch Steuerzahler etwas kosten!

Meine Schlussfolgerung lautet: Wenn wir am Monopol einer künstlich knapp gehaltenen, am Wettbewerb orientierten Währung festhalten, werden wir nicht in der Lage sein, alle kreativen Säfte der nächsten Generation freizusetzen. Und die Herausforderungen, denen sich die Menschheit stellen muss – und vor denen wir alle im Laufe der nächsten zwanzig Jahre stehen werden (siehe 9. Kapitel) –, sind einfach zu groß und lebenswichtig, als dass wir es uns leisten könnten, die Kreativität dieser nächsten Generation nicht freizusetzen.

Vielleicht ist ja deutlich geworden, was Edgar Cahn, der amerikanische Rechtsanwalt, der das Zeit-Dollar-System erfand (siehe 9. Kapitel), meint, wenn er sagt: »Der wahre Preis, den wir für das Geld zahlen, ist die Fesselung unseres Möglichkeitssinns durch das Geld – das Gefängnis, das es für unsere Phantasie baut.«

12. E-Mail

To: sylvie@home.de
From: bernard@futuremoney.de

Chère Sylvie,
wie ich von deinen Eltern hörte, hast du mit deinen Freunden, die
ich von deiner letzten Geburtstagparty kenne, nun an eurer Schule
einen MUSE-Tauschring gegründet. Ich bin richtig stolz auf euch.
Was für ein guter Anfang! Ihr werdet merken, wie schnell man mit
solchen Aktivitäten Blut leckt – vor allem wenn sie erfolgreich sind
und Spaß machen. Und man findet immer etwas, was man tun
kann. Nur niemals den Kopf in den Sand stecken. Die Lage ist ernst,
aber nicht hoffnunglos, sagte man früher. Du wirst sehen, wenn du
deine Schule fertig hast, eine Ausbildung machst oder an die Uni
gehst, wirst du dieses Schulspiel niemals vergessen. Höchstwahrscheinlich wirst du nach Mitteln und Wegen suchen, wieder einen
Tauschring ins Leben zu rufen, und eines Tages wirst du unverse-
hens auch dabei sein, die größeren Probleme unserer Gesellschaft
mitzulösen. Peu à peu. Mit diesem neuen Denkansatz verhält es
sich nämlich wie mit »Hermann«, unserem Wunderteig: Einmal angefangen, wächst und wächst und wächst er.

In diesem Sinne: Ein gutes Wachsen und Gedeihen
wünscht dir
Bernard

PS: Bitte halte mich auf dem Laufenden. Du erreichst mich – wie
immer – unter www.futuremoney.de.

Teste deinen Geld-IQ

11. Frage: Was für einen Unterschied würde es machen, wenn du das
     MUSE-Spiel ausschließlich mit konventionellem Geld spielen
     würdest?

a   Es würde keinen Unterschied machen.

b   Das wäre unmöglich, weil Jugendliche nicht an genügend Geld
     gelangen können, um das Lernen finanzieren zu können.

c   Es würde dazu führen, dass Jugendliche besser miteinander
     kooperieren.

GELDSPIEL FÜR DIE SCHULE

WIE DIE VERSCHIEDENEN GELDSYSTEME FUNKTIONIEREN

Dieses Schulspiel ist gedacht für eine Gruppe von etwa 15 bis 100 Personen. Auch Erwachsene können mitspielen. Es ist ein spannendes und erlebnisreiches Spiel, das über die verschiedenen Währungen aufklärt. Auf ganz spielerische Art und Weise entwickelt sich so bei jedem Mitspieler wirklich ein Gefühl dafür, wie eigentlich Tauschhandel, offizielle Währungen und wechselseitige Kreditwährungen funktionieren.

SPIELANLEITUNG

Ihr benötigt:

- ☐ pro Mitspieler zwölf Karten (7–10 cm)
- ☐ eine Tafel oder Flipchart mit Stiften
- ☐ pro Mitspieler eine oder zwei kleine Münzen

Das Spiel verläuft in vier Phasen. Es wird gezeigt, wie der Tauschhandel funktioniert, wie man eine konventionelle Bankgeldwährung verwendet, wie Ladenketten das Geld aus einer Gemeinschaft abziehen und wie wechselseitige Kreditsysteme neben dem konventionellen Währungssystem die verschiedenen gesellschaftlichen Probleme lösen können.

Am besten bittet ihr zuerst einige Mitspieler aus dem Publikum nach vorn und veranschaulicht an ihnen, was in jeder Phase des Spiels zu tun ist. Erst danach fordert ihr dann das Publikum dazu auf, dasselbe zu tun.

1. Phase: Der Tauschhandel

Verteilt die Karten und Stifte an alle Mitspieler.

Jeder Mitspieler schreibt nun seine Fähigkeiten und Gegenstände auf, die er gern tauschen möchte. Vielleicht meinen einige am Anfang, dass sie nichts zu tauschen hätten. Überlegt einfach ein bisschen, dann fällt euch gemeinsam etwas ein.

Jetzt gehen alle Mitspieler umher und schauen, ob sie bei einem anderen Mitspieler etwas Interessantes zum Tauschen finden.

Anschließend berichtet jeder in der Runde davon, welche Tauschaktionen stattgefunden haben.

Normalerweise wird es zu Beginn nur zu sehr wenigen Tauschvorgängen gekommen sein.

2. Phase: Konventionelles Bankgeld

Schreibt »Kredite« an die Tafel.

Einer von euch stellt die Bank dar und leiht Münzen an einige Mitspieler.

Fragt einen Mitspieler, was er sucht, und notiert die Antworten an der Tafel.

Wenn jemand aus dem Publikum die Nachfrage erfüllen kann, dann kauft der erste Mitspieler das Gut oder die Dienstleistung von dem zweiten.

Die ursprüngliche Anfrage wird gelöscht und der Besitzer der Münzen schreibt seinen eigenen Wunsch an die Tafel.

Macht euch klar, dass schon die Verwendung einer Münze mehrere aufeinander folgende Tauschvorgänge erleichtert.

Vergebt mehrere Kredite und ermuntert das Publikum miteinander zu handeln und an der Tafel die Dinge zu notieren, die schwer zu bekommen sind.

Macht das Publikum darauf aufmerksam, wie die Geldmenge (also die Zahl der Münzen im Umlauf) den Austausch der Güter und Dienstleistungen bestimmt.

Fordert den ersten Mitspieler auf den Kredit zurückzuzahlen. Falls er es nicht kann, dann beschlagnahmt einfach seinen Stuhl oder etwas anderes.

3. Phase: Geldschwund in Gemeinschaften

Ein Mitspieler stellt einen Supermarkt dar, in dem er den anderen alles anbietet, was sie suchen.

Die anderen kaufen dort ein und bezahlen mit Münzen.

Recht schnell wird euer Münzvorrat zur Neige gehen und es finden keine weiteren Kaufaktionen mehr statt.

Beendet das Spiel und macht euch klar, was passiert ist.

4. Phase: Eine wechselseitige Kreditwährung

Teilt die Tafel in folgende vier Spalten auf: »An«, »Von«, »Summe« und »Gut/Dienstleistung«

Findet jetzt einen Freiwilligen X und fragt ihn, was er sucht. Macht gleichzeitig jemanden im Publikum ausfindig, der das Gesuchte anbietet.

Den Handel notiert ihr dann an der Tafel:

In die Spalte »An« tragt ihr ein: »X«, in die Spalte »Von« tragt ihr ein: »Y«, in die Spalte »Summe«, worauf sich die beiden geeinigt haben, und in die Spalte »Gut/Dienstleistung« die entsprechende Dienstleistung.

Macht euch jetzt klar, dass dieser Tausch anders vollzogen wurde als in der 1. Phase: Der Mitspieler X schuldet nicht dem Mitspieler Y etwas, sondern der Gemeinschaft. So hat auch Y jetzt ein Guthaben bei dieser Gemeinschaft.

Der Mitspieler X sagt nun, was er der Gemeinschaft anzubieten hat, und der Mitspieler Y sagt, wofür er sein Guthaben verwenden möchte. Diese Transaktionen werden an der Tafel notiert.

Jetzt können sich auch die übrigen Mitspieler am Spiel beteiligen.

Am Ende des Spiels könnt ihr darüber diskutieren, wie sich die Vorgänge beim wechselseitigen Kreditsystem von den konventionellen Bankwährungen unterscheiden.

(Dieses Spiel findet sich in ähnlicher Form für Erwachsene auch in: Bernard Lietaer: »Das Geld der Zukunft«, Riemann Verlag, München 1999.)

DER GROSSE GELD-IQ-TEST

DIE AUSWERTUNG DES TESTS

DAS SIND DIE RICHTIGEN LÖSUNGEN:

Hab ich angekreuzt

JA   NEIN

1. alle Antworten sind richtig, außer Antwort b
2. a
3. c
4. c
5. b
6. c
7. c
8. b
9. b
10. a
11. b

Nun zähle aus, wie viele Ja und Nein du hast!

Auswertung

Mehr als neunmal JA:

Glückwunsch! Du bist auf dem besten Weg ein Experte zu werden. Dein Geld-IQ ist kurz vor der Perfektionierung. Aber – wie heißt es doch so schön: Nobody's perfect. Insofern bist du schon ganz oben. Hut ab vor deiner Cleverness. Du kannst mit deinem eingeschlagenen Weg wirklich zufrieden sein. So vielseitig interessiert und informiert wie du sind wohl nur wenige. Zugleich hast du garantiert ein starkes Selbstbewusstsein und ein mutiges Herz. Die Welt kann auf dich zählen, du wirst dich für die Lösung ihrer Probleme sicher einsetzen. Denn du hast bereits jetzt eines begriffen: Leben ist Entwicklung, an die wir uns anpassen müssen. Menschen und Umstände ändern sich. Du bist flexibel und bereit dich auf Neuerungen einzustellen und sie aktiv anzunehmen.

Zwischen fünf- und siebenmal JA:

Du kannst mit deinem Geld-IQ ganz zufrieden sein. Wäre da nicht noch die eine oder andere Wissenslücke ... Aber verzage nicht, bei manchen dauert es manchmal etwas länger, bis alles hängen bleibt. Menschen sind da ja unterschiedlich. Dass du es bis hierher geschafft hast, ist bereits das größte Zeichen für deine Cleverness und deinen Einsatzwillen. Entwicklungskrisen sind völlig normal. Es lohnt sich, den Weg weiterzuverfolgen, auch wenn es nicht immer gleich geradeaus geht. Du wägst sehr genau ab, was dir wichtig ist und was du uninteressant für dich findest. Was du jetzt tun solltest: in kleineren Abständen eine Bilanz deines Wissens ziehen und dir zum Erreichten innerlich gratulieren. Das stimmt dich optimistisch und setzt neue Energien frei. Dann wirst du auch Mut haben, dich an kreativen Lösungen für die anstehenden Probleme voll zu beteiligen. Der Erfolg wird auf deiner Seite sein.

Mehr als achtmal Nein:

Du bist garantiert nicht auf den Kopf gefallen. Aber für ein positives Ergebnis ins Sachen Geld-IQ bist du vielleicht – noch!? – etwas zu träge. Vielleicht hörst du auch zu sehr auf die Meinung von anderen, anstatt dir eine eigene zu bilden. Das mag zwar sehr bequem sein, aber auf Dauer kommst du nicht sehr weit damit. Und die anderen haben auch nicht viel von dir. Wenn du nur den Weg des geringsten Widerstandes gehst und dich von anderen beeinflussen lässt, bleibst du bloß ein Mitläufer. Deine eigenen Ideen, deine eigene Phantasie bleiben ebenso auf der Strecke wie der Erfolg. Wäre dies ein Würfelspiel, müsste man dir an dieser Stelle sagen: Zurück marsch, marsch, an den Anfang und noch mal von vorne beginnen. Lies noch mal nach, was bei dir nicht hängen geblieben ist. Du wirst sehen, es lohnt sich kapital!!!

KLEINES
WIRTSCHAFTS-
LEXIKON

DIE WICHTIGSTEN IM TEXT VERWENDETEN BEGRIFFE
AUS DER WELT DER WIRTSCHAFT

Aktie: Urkunde, die den Anteil an einer →Aktiengesellschaft verbrieft. Der Inhaber der Aktie bleibt in der Regel anonym und die Aktie kann durch Verkauf, z. B. an einer → Börse, an andere Personen weitergegeben werden. Der Aktieneigentümer haftet für Verluste des Unternehmens, er besitzt aber zugleich ein Auskunfts- und Stimmrecht in der Hauptversammlung und wird im Allgemeinen am → Gewinn des Unternehmens, durch Zahlung einer → Dividende, beteiligt.

Aktiengesellschaft: Die Aktiengesellschaft (AG) ist gekennzeichnet durch die beschränkte Haftung der Aktionäre. Eine Aktiengesellschaft kann, muss aber nicht, an einer → Börse notiert sein.

Analyst: Spezialist, der die gegenwärtige Situation und zukünftige Entwicklung unterschiedlicher finanzieller Untersuchungsgegenstände beurteilt.

Angebot: Ökonomisch versteht man unter dem Angebot die zum Tausch oder Verkauf offerierte Menge. Rechtlich stellt ein Angebot eine Willenserklärung zum Abschluss eines Vertrages dar; → Nachfrage.

Anleihen: Oberbegriff für Urkunden, die einen Zahlungsanspruch beinhalten, welcher typischerweise in regelmäßigen Abständen zu erfüllen und in der Höhe unabhängig vom → Gewinn des Emittenten einer Anleihe ist.

Arbeit: Arbeit dient dem Gelderwerb, der es wiederum ermöglicht, bestimmte Bedürfnisse wie z. B. nach Nahrung, Kleidung, Wohnung oder Urlaub zu befriedigen. Arbeit wird häufig mit Mühe, Last und Entbehrung verbunden, sie ist aber gleichzeitig Voraussetzung für die Erzielung individueller und gesellschaftlicher Vorteile und eines Fortschritts.

Arbeitslosenquote: Verhältnis aus der Anzahl der registrierten Arbeitslosen und der Zahl der abhängigen Erwerbspersonen. Unter abhängigen Erwerbspersonen versteht man Arbeiter, Angestellte, Beamte und die Arbeitslosen selbst, Selbstständige werden nicht berücksichtigt.

Arbeitslosenversicherung: Gesetzlich geregelte Einrichtung zum Schutz der Arbeitnehmer im Fall der Arbeitslosigkeit. Die finanziellen Beiträge zur Arbeitslosenversicherung werden vom Arbeitgeber und vom Arbeitnehmer je zur Hälfte aufgebracht.

Ausgaben: Barer oder unbarer Mittelabfluss bei privaten Haushalten, → Unternehmen oder beim → Staat; Gegensatz → Einnahmen.

Bank: Banken sind Dienstleistungsunternehmen, die → Geld verleihen (→ Kredit) und entgegennehmen, die bare und unbare Zahlungen ausführen, → Wertpapiere verwahren und Geld ihrer Kunden verwalten. Bankgeschäfte sind gesetzlich streng reguliert → Kreditinstitute.

Banknoten: Scheine, auf welchen ein bestimmter Betrag aufgedruckt ist. In der Euro-Währung gibt es Banknoten für 5, 10, 20, 50, 100, 200 und 500 Euro. Das alleinige Recht zur Ausgabe von Banknoten ist mit der Europäischen → Währungsunion von der → Deutschen Bundesbank auf die → Europäische Zentralbank übergegangen.

Bargeld: Gesetzliches Zahlungsmittel in Deutschland, das → Münzen und → Banknoten (→ Seignorage, → Münzregal) umfasst. Bargeld hat in verschiedenen Ländern eine unterschiedliche Form und durch Umtausch bei einer → Bank kann inländisches in ausländisches → Geld getauscht und wieder rückübertragen werden.

Betriebswirtschaftslehre: Die Betriebswirtschaftslehre bildet zusammen mit der → Volkswirtschaftslehre den wirtschaftswissenschaftlichen Forschungsbereich (→ Wirtschaftswissenschaften). Gegenstand der Betriebswirtschaftslehre ist die Betrachtung wirtschaftlicher Aktivitäten und Zusammenhänge aus der Perspektive eines einzelnen Teilnehmers am wirtschaftlichen Geschehen. Der Schwerpunkt des Interesses liegt vor allem im Bereich der → Unternehmen. So gehört z. B. die Frage nach der Anschaffung einer neuen Produktionsmaschine in den Bereich betriebswirtschaftlicher Entscheidungen.

Börse: Strengen gesetzlichen Regelungen unterworfenes Zusammentreffen von Anbietern und Nachfragern der an der jeweiligen Börse zugelassenen → Wertpapiere, → Währungen oder anderer Produkte wie Öl, Kaffeebohnen oder Getreide. Die gehandelten Gegenstände sind dabei nicht physisch präsent, sondern es werden standardisierte, verbriefte Ansprüche ver- und gekauft. Während früher die Anwesenheit der Auftraggeber bzw. der von ihnen beauftragten Personen notwendig war, findet der Handel zunehmend mittels moderner Kommunikationstechniken statt. Abhängig vom Grad der gesetzlichen Reglementierung unterscheidet man für → Aktien die folgenden Teilbereiche der Deutschen Börse: Amtlicher Handel, Geregelter Markt, Freiverkehr → Neuer Markt.

Börsen-Crash: Überraschender, plötzlicher Verfall der → Kurse. Der bekannteste Börsen-Crash dieses Jahrhunderts fand am 25.10.1929 in den USA statt und gilt als Auslöser der darauf folgenden Weltwirtschaftskrise.

Boom: Hochphase der → Konjunktur; die maximale Leistungsfähigkeit der Wirtschaft ist erreicht. Der Boom bezeichnet eine der vier Phasen der zyklischen Bewegung der Konjunktur.

Board of Governors: Das von der amerikanischen Regierung ernannte und aus sieben Mitgliedern bestehende Board of Governors stellt einen Teil des Federal Reserve Systems der USA dar → Notenbank.

Broker: Englische Bezeichnung für Personen, die gegen Entgelt Geschäfte vermitteln (Makler). Insbesondere an den verschiedenen Börsen sind solche Makler zu finden (sog. Börsenmakler) → Kursmakler.

Bruttonationalprodukt: Wert aller Güter und Dienstleistungen, die in einem bestimmten Zeitraum von einer → Volkswirtschaft hergestellt bzw. erbracht wurden. Das Bruttonationalprodukt (BNP) dient zur Beurteilung der wirtschaftlichen Leistungsfähigkeit.

Buchführung: Systematische Erfassung aller Vorgänge, die sich aus den wirtschaftlichen Aktivitäten eines → Unternehmens ergeben.

Buchgeld: Mittel, die nicht bar, das heißt in Form von → Münzen oder → Banknoten, sondern als Guthaben auf einem → Konto gehalten werden. Buchgeld ist kein gesetzlich garantiertes, aber ein allgemein akzeptiertes Zahlungsmittel.

Cashflow: Der Cashflow gibt Aufschluss über den Erfolg oder Misserfolg der wirtschaftlichen Tätigkeit eines → Unternehmens. Er wird mittels der in der → Buchführung festgehaltenen Größen ermittelt.

Cybermoney: Allgemeine Bezeichnung für → Geld, mit dem vom Nutzer im Internet bezahlt werden kann. Das Cybermoney kann dann von autorisierten → Unternehmen wieder in → Bargeld oder → Buchgeld umgetauscht werden. Es muss allerdings im Allgemeinen vor Verwendung vom Nutzer gekauft werden.

DAX: Kurzbezeichnung für Deutscher Aktienindex. Er spiegelt die Kursentwicklung von 30 ausgewählten, börsennotierten, deutschen → Aktien wider. Im DAX 100 sind 100 → Aktien vertreten.

Debitor: Bezeichnet häufig einen Kunden, der Ware auf → Kredit bezieht (→ Schuldner); Gegensatz: → Kreditor.

Depot: Ein Depot ist zunächst allgemein ein Ort der Verwahrung. Im täglichen Sprachgebrauch weist ein Depot die im Eigentum des Hinterlegers, z. B. eines Bankkunden, befindlichen → Wertpapiere aus. Ähnlich wie ein → Konto Geldbeträge ausweist, werden im Depot Wertpapierbestände geführt.

Deutsche Börse AG: → Unternehmen in Form einer → Aktiengesellschaft, welches den Handel mit → Wertpapieren an der Deutschen Börse in Frankfurt organisiert.

Deutsche Bundesbank: Die Deutsche Bundesbank verfügte, bis zu ihrer Ablösung durch die → Europäische Zentralbank, über das alleinige Recht zur Ausgabe auf Deutsche Mark lautende → Banknoten. Sie war verantwortlich für die → Geldpolitik in Deutschland. Die Bundesbank stellt den → Banken → Kredite durch Ankauf von → Wechsel (Diskontsatz) oder gegen die Verpfändung von Sicherheiten (Lombardsatz) zur Verfügung. Außerdem sichert sie die Abwicklung von Zahlungen zwischen Banken.

Devisen: → Buchgeld in ausländischer → Währung.

Dividende: Der den Aktionären zufließende Teil des → Gewinns einer → Aktiengesellschaft wird als Dividende bezeichnet. Die Höhe des zufließenden Betrages berechnet sich nach der Höhe des Anteils eines Aktionärs am → Unternehmen.

Dow Jones: Der amerikanische Dow Jones Industrial Average ist der älteste Aktienindex der Welt. Er spiegelt die Kursbewegung der 30 bedeutendsten, an der New Yorker Börse gehandelten → Aktien wider.

Einkommen: Unter Einkommen versteht man die Mittel, die einer Person in einem bestimmten Zeitraum für selbstständige oder nicht selbstständige Arbeitstätigkeit zufließen.

Einlagensicherungsfonds: Der Einlagensicherungsfonds des Bundesverbands deutscher Banken wurde zur Sicherung der Kundengelder bei → Banken im Fall finanzieller Schwierigkeiten eines Mitgliedsunternehmens geschaffen.

Einnahmen: Barer oder unbarer Mittelzufluss bei privaten Haushalten, → Unternehmen oder beim → Staat; Gegensatz → Ausgaben.

Electronic Cash: Bargeldlose Zahlungsmittel in Form von Chipkarten, wie z. B. EC-oder Kreditkarten.

Erlös: Die Anzahl der verkauften Güter multipliziert mit den jeweiligen → Preisen.

Euribor: Euro Interbank Offered Rate; beschreibt einen → Zinssatz, der sich aus den gewichteten Zinssätzen verschiedener → Banken für die Annahme oder das Ausleihen von → Geld zwischen Banken zusammensetzt.

Euro: Bezeichnung für die gemeinsame → Währung, die ab 1999 für elf Mitglieder der EU (→ Euroland) das gesetzliche Zahlungsmittel darstellt. Ab dem Jahr 2002 werden die Euroscheine und -münzen ausgegeben.

Euroland: Sammelbezeichnung für den geografischen Raum, der von Belgien, Deutschland, Finnland, Frankreich, Irland, Italien, Luxemburg, Niederlande, Österreich, Portugal und Spanien als Teilnehmer an der Europäischen → Währungsunion gebildet wird.

Europäische Zentralbank: Am 01.01.1999 wurden umfassende Rechte der → Deutschen Bundesbank und zehn weiterer nationaler → Notenbanken an die Europäische Zentralbank (EZB) übertragen. Durch die Zentralisierung der verschiedenen Aufgaben bei der EZB entstand aus vielen nationalen Währungsräumen (→ Währungsunion) ein einziger Währungsraum, mit für alle Mitglieder identischer und von der EZB verantworteter Geldpolitik. Zentrale Aufgabe der Europäischen Zentralbank ist die Sicherung der → Geldwertstabilität. Sitz der EZB ist Frankfurt am Main.

Expansion: Aufschwungphase der → Konjunktur, die eine zunehmende Leistungsfähigkeit der Wirtschaft beschreibt. Expansion bezeichnet eine der vier Phasen der zyklischen Bewegung der Konjunktur.

Export: Export bezeichnet die Ausfuhr von Waren oder Geld ins Ausland oder das Erbringen von Dienstleistungen im Ausland durch Inländer; Gegensatz → Import.

Federal Reserve Banks: Englische Bezeichnung für die zwölf US-amerikanischen → Notenbanken, die zusammen dem Federal Reserve System angehören.

Fiat-Währung: Eine Währung, die von einer zentralen Autorität »aus dem Nichts« geschaffen wird, wie z. B. Papiergeld ohne Deckung durch Metallgeld. Eine Fiat-Währung besteht also aus → Banknoten und → Münzen, deren materieller Gegenwert weit unter dem aufgedruckten Wert liegt. Alle heutigen Landeswährungen sind Fiat-Währungen.

Fiskalpolitik: Die Fiskalpolitik umfasst die wirtschaftlichen Aktivitäten des → Staates. Vor allem den staatlichen → Ausgaben (Staatsausgaben) und → Einnahmen (Staatseinnahmen) als Steuerungsinstrumente der → Konjunkturentwicklung wird eine große Bedeutung zugesprochen. Es wird dabei unterstellt, dass der Staat durch fiskalpolitische Eingriffe in das wirtschaftliche Geschehen, wie z. B. durch eine Erhöhung der Staatsausgaben, ungünstigen konjunkturellen Entwicklungen entgegenwirken kann (→ Keynesianismus).

Freie Marktwirtschaft: Kennzeichen einer freien Marktwirtschaft ist die weitgehende Abstinenz staatlicher Eingriffe in die wirtschaftlichen Aktivitäten. Der → Staat beschränkt sich darauf, bestimmte gesetzliche Rahmenbedingungen zu setzen, wobei die Sicherung der Rechts-, Eigentums- und Friedensordnung im Vordergrund steht; → Soziale Marktwirtschaft; Gegensatz → Zentralverwaltungswirtschaft.

Fusion: Schließen sich zwei rechtlich selbstständige → Unternehmen zu einer rechtlichen Einheit zusammen, so spricht man von einer Fusion der Unternehmen; → Kartell.

Futures: Modernes Finanzinstrument, bei dem heute der Austausch einer standardisierten Leistung an einem zukünftigen Termin vertraglich vereinbart wird (Termingeschäft). So kann z. B. an einer Futures- → Börse ein Vertrag abgeschlossen werden, der die Lieferung einer bestimmten Menge und Qualität von Öl an einen fest vereinbarten Ort, zu einem bestimmten Datum und zu einem heute festgelegten Preis sichert.

Geld: Unsere Arbeitsdefinition lautet: Geld ist eine Vereinbarung in einer Gemeinschaft, etwas als Tauschmittel zu verwenden. Die klassische Ökonomie definiert Geld gewöhnlich nicht darüber, was es ist, sondern was es tut; d. h. nach seinen Funktionen. In diesem Sinne haben die konventionellen nationalen Währungen vier Funktionen: Erstens ermöglicht Geld Tauschbeziehungen zu vereinfachen (Tauschfunktion), zweitens kann der Wert jedes Gutes und jeder Dienstleistung in Geldeinheiten ausgedrückt werden (Rechenmittelfunktion). Drittens ermöglicht Geld, den Wert eines Gutes zu »konservieren« (Wertaufbewahrungsfunktion), vorausgesetzt es kommt nicht zu einer Geldentwertung (→ Inflation). Und viertens ist Geld ein gesetzliches, allgemein akzeptiertes Zahlungsmittel.

Geldwertstabilität: Bleibt der Wert des → Geldes stabil, bedeutet dies, dass die Gütermenge, die man mit einer bestimmten Menge inländischen Geldes kaufen kann, über die Zeit konstant bleibt. Kann umgekehrt mit einer Einheit inländischer → Währung im Zeitablauf immer weniger gekauft werden, so sinkt der Wert des Geldes, es kommt zu einem Verlust der → Kaufkraft. Die Sicherung der Geldwertstabilität ist die wichtigste Aufgabe der → Notenbank.

Gewinn: Übersteigen die → Erlöse die → Kosten wirtschaftlicher Aktivität, so liegt ein Gewinn vor; engl.: → Profit; Gegensatz: → Verlust.

Girokonto: Auf dem Girokonto werden alle laufenden Vorgänge, die zu Zu- oder Abgängen auf dem → Konto eines Bankkunden führen, erfasst. Ein Girokonto dient zur Abwicklung häufig anfallender Zahlungsvorgänge. Vgl. → Sparbuch.

Gläubiger: Als Gläubiger wird eine Person oder ein → Unternehmen bezeichnet, welche(s) berechtigt ist, eine Leistung von einer anderen Person oder einem Unternehmen zu erhalten. Die Leistung kann z. B. in der Lieferung einer Ware oder eines Geldbetrages an den Gläubiger bestehen (→ Kreditor); Gegensatz: → Schuldner.

Homebanking: Die Erledigung der Bankgeschäfte von zu Hause aus via Internet.

Import: Import bezeichnet die Einfuhr von Waren oder → Geld aus dem Ausland oder das Erbringen von Dienstleistungen im Inland durch Ausländer; Gegensatz → Export.

Inflation: Bezeichnung für die anhaltende Zunahme des allgemeinen → Preisniveaus und des damit verbundenen Rückgangs der → Kaufkraft. Inflation entsteht dadurch, dass die Menge des vorhandenen Geldes stärker steigt als die Gütermenge. Somit ist dann für eine bestimmte gleich bleibende Sache immer mehr Geld aufzuwenden bzw. umgekehrt kann man mit einer Geldeinheit immer weniger dieser Sache kaufen. Es ist zwar mehr Geld da, man ist aber nicht wirklich reicher. Gemessen wird die Inflation durch einen periodischen Vergleich der Preise eines »Warenkorbes«, der typische Waren und Dienstleistungen enthält. Vgl. auch → Geldwertstabilität.

Inflationsrate: In Prozent ausgedrückte Veränderung des allgemeinen → Preisniveaus.

Internationaler Währungsfonds: 1945 durch ein internationales Abkommen geschaffene Institution, die den Mitgliedsstaaten – zum Teil auflagenfrei – finanzielle Hilfe zukommen lässt und durch Mitgliedsbeiträge finanziert wird. Kurz: IWF; engl.: International Monetary Fund (IMF).

Investition: Investition im unternehmerischen Sinn bezeichnet die Anschaffung von Maschinen, die Einstellung neuer Mitarbeiter und alle weiteren Maßnahmen, die der Sicherung und Erhöhung des wirtschaftlichen Erfolges dienen.

Kapital: In der → Volkswirtschaftslehre gebräuchliche Bezeichnung für den Produktionsfaktor der Werkzeuge, Maschinen, maschinelle Anlagen und Bauten, welche

alle für die Herstellung von Gütern Voraussetzung sind, umfasst. In der → Betriebswirtschaftslehre wird das Vermögen eines Unternehmens, welches der Bilanz zu
entnehmen ist, als Kapital bezeichnet.

Im engeren finanziellen Sinn stellt das Kapital eine Geldsumme dar, aus der man ein
Einkommen beziehen kann. Die traditionellen Mittel zum Bezug dieses Einkommens sind Zinsen (Kreditvergabe) und Dividenden (Aktien). Im weiteren Sinne ist
das Kapital eine Ressource, die das Leben verbessert. Dabei lassen sich folgende
Arten von Kapital unterscheiden: Geldkapital, Sachkapital (Produktionsmittel wie
Gebäude und Ausstattung), geistiges Kapital (z. B. Patente), soziales Kapital und
natürliches Kapital. In neuerer Zeit wird das Wissen auch als eine Art des Kapitals,
als so genanntes Humankapital, angesehen.

Kapitalismus: Der Begriff Kapitalismus ist ein vielschichtiger und häufig miss-
bräuchlich verwendeter Ausdruck, der im wirtschaftlichen Zusammenhang einen
Ordnungsrahmen beschreibt, der gekennzeichnet ist durch Privateigentum, freie →
Preisbildung, → Gewinnerzielungsabsicht der Marktteilnehmer und eine, nur die
Rahmenbedingungen setzende, staatliche Aktivität.

Kartell: Treffen einige → Unternehmen Absprachen mit dem Ziel, die marktliche
Preisbildung zu umgehen und dadurch einen wirtschaftlichen Vorteil zu erlangen,
so spricht man von der Bildung eines Kartells.

Kaufkraft: Die Kaufkraft gibt an, welche Gütermenge mit einer bestimmten → Geldmenge erworben werden kann → Geldwertstabilität.

Keynesianismus: Eine auf John Maynard Keynes (1883–1946) zurückgehende ökonomische Denkrichtung, deren Vertreter, die als Keynesianer bezeichnet werden,
die Meinung vertreten, ungünstigen Entwicklungen der → Konjunktur solle der →
Staat durch eine Anhebung der → Ausgaben und damit einer Steigerung der →
Nachfrage nach Gütern entgegenwirken.

Klassik: Ökonomische Denkrichtung, die das freie, vom → Staat unbeeinflusste
Marktgeschehen in den Mittelpunkt stellt und dies mit der Komplexität des Wirt-
schaftsgeschehens und demzufolge ungenügenden Wissen des Staates zur Wirt-
schaftslenkung begründet. Der Kernpunkt des klassischen Denkansatzes liegt darin, dass bei individualistischer, vom Staat unbeeinflusster Handlungsweise für jeden Einzelnen und damit für alle zusammen das beste Ergebnis erzielt wird. Histo-
risch geht die Klassische Ökonomie u. a. auf David Hume (1711–1776), Adam Smith
(1723–1790) und David Ricardo (1772–1823) zurück und ist eng mit Fragen der Mo-
ralphilosophie verwoben.

Knappheit: In unzureichender Menge vorhanden. Alle Landeswährungen halten ihren Wert nur durch ihre im Verhältnis zu ihrem Nutzen knappe Menge. Für unsere Zwecke liegt der Gegensatz nicht im Überfluss, sondern in einer ausreichend vorhandenen Menge. Beispielsweise steht in einem wechselseitigen Kreditsystem Geld immer in ausreichendem Maße zur Verfügung.

Konjunktur: Die Veränderung volkswirtschaftlicher Größen wie z. B. des → Bruttonationalprodukts oder der → Arbeitslosenquote im Zeitablauf wird als Konjunktur bezeichnet. Dabei wird unterstellt, dass die Schwankungen zyklisch in Wellenbewegung um einen Trend erfolgen. Dieser so genannte Konjunkturzyklus wird in vier Phasen unterteilt: → Expansion (Aufschwung), → Boom (Hochphase), → Rezession (Abschwung), Depression (Tiefstand).

Konkurrenz: Intensiver Wettbewerb. Vgl. → Vollkommene Konkurrenz.

Konkurs: Moderne Form von Bankrott. Kann ein → Unternehmen die Zahlungsverpflichtungen an seine → Gläubiger nicht mehr erfüllen oder sinkt der Wert eines Unternehmens unter eine kritische Grenze, so muss Konkurs angemeldet werden, d. h., die Zahlungsunfähigkeit muss gerichtlich offenbart werden. Daraufhin werden durch Verkauf des → Vermögens die → Schulden (teilweise) beglichen.

Konto: Als → Girokonto bei einer → Bank geführtes Verzeichnis zur Erfassung aller wertmäßigen Veränderungen, vor allem des Geldeingangs und -abgangs. Darüber hinaus werden aber auch bei → Unternehmen oder beim → Staat Veränderungen von Beständen bzw. Werten auf Konten erfasst. Neuerdings gewinnen so genannte Zeitkonten zunehmend an Bedeutung. Hier werden Überstunden gutgeschrieben, die dann als Freizeit aufgebraucht werden können.

Kosten: Finanzielle Aufwendungen für wirtschaftliche Aktivität wie z. B. die Herstellung von Waren. Vgl. auch → Erlöse.

Kredit: Die Überlassung von → Geld oder Wertgegenständen mit der Verpflichtung diese oder Vergleichbares wieder zurückzugeben. Häufig wird für die Dauer der Überlassung vom → Kreditnehmer eine Leistung, z. B. in Form von → Zinsen verlangt.

Kreditgeber: Derjenige, der einen Kredit gewährt → Gläubiger.

Kreditinstitut: Oberbegriff für → Banken, Sparkassen, Girozentralen u. a. m.

Kreditnehmer: Derjenige, der einen Kredit aufnimmt → Schuldner.

Kreditor: → Gläubiger

Kurs: → Preis für einen Wertgegenstand, wie z. B. eine → Aktie. Der Kurs bildet sich durch → Angebot und → Nachfrage (Angebots- und Nachfragefunktion). Je standardisierter der Markt ist, auf dem ein Wertgegenstand angeboten wird, und je mehr Anbieter und Nachfrager am Handel teilnehmen, desto transparenter sind die Kurse.

Kursmakler: Person, die kraft gesetzlicher Regelung Kauf- und Verkaufaufträge an einer → Börse durchführt; → Broker.

Lombardkredit: Die Gewährung eines → Kredites gegen Verpfändung von → Wertpapieren durch eine → Notenbank wird als Lombardkredit bezeichnet. Der Lombardkredit stellt ein wichtiges Instrument zur Geldbeschaffung für → Banken dar.

Management: Englische Bezeichnung für Führungskräfte, d. h. die Personen, die anderen innerhalb eines → Unternehmens Weisungen erteilen dürfen.

Markt: Ort, an dem → Angebot und → Nachfrage aufeinander treffen und wo sich dann der → Preis bildet. Ein Markt kann durch das physische Aufeinandertreffen von Anbietern und Nachfragern gekennzeichnet sein, so z. B. auf einem Viehmarkt. Durch den Einsatz und Fortschritt moderner Kommunikationstechnik läuft das Marktgeschehen aber immer häufiger virtuell ab, wie z. B. an der → Börse.

Marktanteil: Relativer eigener Anteil am gesamten → Markt oder im Vergleich zum größten Konkurrenten. Als Messkriterium für den Marktanteil kann z. B. der → Erlös oder der → Marktwert herangezogen werden.

Mindestreserve: Unter Mindestreserve versteht man die Bestände an finanziellen Mitteln, die von → Banken auf deren → Konto bei der → Notenbank zu halten sind. Die Verpflichtung zur Haltung einer solchen Reserve dient der Sicherstellung, dass die Banken immer über genügend → Geld verfügen, um die → Nachfrage nach Geld zu befriedigen. In den USA erhielt die Notenbank ihren Namen aus dieser Reservehaltungspflicht; → Federal Reserve Bank.

Monopol: Als Monopol wird eine Marktform verstanden, bei der entweder das → Angebot oder die → Nachfrage von einem einzigen Wirtschaftssubjekt ausgeht und somit ein großer Einfluss des Monopolisten auf die → Preise besteht; Gegensatz: → Vollkommene Konkurrenz.

Münzen: Münzgeld wird in Kurant- und Scheidemünzen unterschieden. Während bei Kurantmünzen der Metallwert und der aufgedruckte Betrag in Geldeinheiten übereinstimmen, liegt der aufgedruckte Wert von Scheidemünzen zum Teil erheblich über dem Metallwert.

Münzregal: Recht zur Prägung und Ausgabe von → Münzen, welches beim → Staat liegt. Die geprägten Münzen werden dann von der → Notenbank in Umlauf gebracht. Der → Gewinn, der sich aus der Differenz zwischen dem aufgedruckten Wert (→ Nennwert, → Erlös) und den Prägekosten (→ Kosten) ergibt, steht dem → Staat zu (→ Seignorage).

Nachfrage: Ökonomisch versteht man unter der Nachfrage die Menge, die man zu erwerben oder zu tauschen bereit ist. Generell bezeichnet der Begriff Nachfrage die Absicht eine Ware, Dienstleistung o. Ä. zu tauschen oder zu kaufen. Vgl. → Angebot.

Nasdaq: → Börse in den USA, an der vor allem → Aktien von → Unternehmen aus dem Bereich Informationstechnologie, Biotechnologie, Medien gehandelt werden.

Nemax: Kurzbezeichnung für Neuer Markt Index. Dieser umfasst 50 → Aktien des → Neuen Marktes.

Neoklassik: Eine auf die → Klassik aufbauende, ökonomische Denkrichtung, die etwa auf den zweiten Teil des 19. Jahrhunderts datiert werden kann. Obwohl grundsätzlich mit der klassischen Lehre übereinstimmend, betont sie jedoch mehr die Bedeutung des Einzelnen, im Gegensatz zu einer Zusammenfassung Einzelner zu einer (homogenen) Gruppe, wie sie von der Klassik vorgenommen wurde. Zum anderen bedient sich die »Neoklassik« eines erweiterten mathematischen Instrumentariums bei der ökonomischen Analyse.

Neuer Markt: Bezeichnung für einen Teilbereich der deutschen → Börse, der vor allem dem Handel mit → Aktien aus den Bereichen Biotechnologie, Multimedia, Telekommunikation und Umwelttechnik dient.

New Economy: Englischer Begriff, der zur Beschreibung eines Wirtschaftsbereichs benutzt wird, bei dem es im Wesentlichen um moderne Technologien bzw. neue Technologiebereiche wie Computer, Internet, moderne Kommunikationsmittel u. a. m. geht.

Notenbank: Die Notenbank, die auch als → Zentralbank oder Zentralnotenbank bezeichnet wird, ist für nahezu alle Belange der Versorgung einer → Volkswirtschaft mit → Geld verantwortlich. Traditionell wird ihr die Verantwortung für die → Geldpolitik, d. h. für die Festlegung des → Diskontsatzes, den → Lombardsatz, die → Mindestreserve und auch die Ausgabe von Banknoten zugeschrieben. Die für → Euroland verantwortliche → Notenbank wird als → Europäische Zentralbank bezeichnet.

OECD: Kurzbezeichnung für Organisation for Economic Cooperation and Development (Organisation für wirtschaftliche Zusammenarbeit und Entwicklung). Ziel ist eine Förderung der wirtschaftlichen Entwicklung und eine Ausweitung des Welthandels.

Oligopol: Als Oligopol wird eine Marktform verstanden, bei der entweder das → Angebot oder die → Nachfrage von wenigen Wirtschaftssubjekten ausgeht und somit durch Absprachen (→ Kartell) ein großer Einfluss auf die → Preise ausgeübt werden kann. Vgl. auch → Monopol und → Vollkommene Konkurrenz.

OPEC: Kurzbezeichnung für Organisation of the Petroleum Exporting Countries (Organisation Erdöl exportierender Länder). Zusammenschluss Erdöl produzierender Länder mit dem Ziel, ihre Position gegenüber den Erdölgesellschaften zu stärken und die → Preise für Erdöl über eine Mengenkontrolle zu beeinflussen.

Preis: Der in → Geld ausgedrückte Wert, der entweder auf Grund des freien Aufeinandertreffens von → Angebot und → Nachfrage bestimmt wird oder der staatlich festgesetzt wird. Bei → Wertpapieren oder → Währungen spricht man statt von einem Preis vom → Kurs.

Preisniveau: Das Preisniveau wird durch eine Gewichtung der → Preise für bestimmte Waren ermittelt. Vgl. → Inflation.

Profit: Englischsprachige Bezeichnung für → Gewinn.

Rendite: Kennzahl, die, im Nachhinein betrachtet, den Erfolg aus wirtschaftlicher Aktivität ins Verhältnis zu anderen Größen wie dem → Umsatz oder dem eingesetzten → Kapital setzt und somit Aufschluss über den erzielten relativen Erfolg gibt. Vorab kann die (erwartete) Rendite als Anhaltspunkt für den Vergleich verschiedener Verwendungsmöglichkeiten von finanziellen Mitteln dienen.

Rezession: Abschwungphase der → Konjunktur; die Leistungsfähigkeit der Wirtschaft sinkt. Rezession bezeichnet eine der vier Phasen der zyklischen Bewegung der → Konjunktur.

S & P: Kurzbezeichnung für den Standard & Poors Index. Ein 500 → Aktiengesellschaften umfassender Index an der New Yorker Börse.

Schuldner: Als Schuldner wird eine Person oder ein → Unternehmen bezeichnet, welche(s) verpflichtet ist eine Leistung zu erbringen. Die Leistung kann z. B. in der Lieferung einer Ware oder eines Geldbetrages bestehen; → Debitor; Gegensatz: → Gläubiger.

Seignorage: Unter Seignorage versteht man die Differenz zwischen dem aufgedruckten Wert und den → Kosten für die Herstellung einer → Banknote oder einer →

Münze. Diese Differenz steht in der Regel dem → Staat zu und stellt eine Einnahmequelle dar.

Sorten: → Banknoten und → Münzen in ausländischer → Währung.

Soziale Marktwirtschaft: Im Rahmen einer Sozialen Marktwirtschaft greift der Staat vermehrt in den Wirtschaftsprozess ein, um bestimmte Ergebnisse, die von verschiedenen Interessengruppen gefordert werden, sicherzustellen. Die Folge ist ein komplexes Geflecht aus staatlicher Beschaffung und Umverteilung finanzieller Mittel, dem Einfluss verschiedenster Interessenverbände auf die Politiker und staatlicher Eingriffe in das Wirtschaftsgeschehen. Vgl. → Freie Marktwirtschaft; → Zentralverwaltungswirtschaft.

Sparbuch: Das Sparbuch gibt Auskunft über das bei einer → Bank verfügbare Guthaben. Es wird mit einem von der Bank festgelegten → Zinssatz verzinst und dient der Ansammlung von Vermögen.

Sparen: Sparen bedeutet die Ansammlung von Vermögen durch Nichtkonsum von Teilen des → Einkommens. Die gesparten finanziellen Mittel können wiederum für wirtschaftliche Aktivitäten (→ Investition) verwendet werden, indem → Banken → Geld, das z. B. auf einem → Sparbuch zur Verfügung gestellt wurde, an → Unternehmen weitergeben, damit diese → Gewinne erwirtschaften.

Spekulation: Begriff für Geschäfte, die auf die Erzielung eines → Gewinns gerichtet sind, wobei zur Gewinnerzielung ein Risiko, d. h. die Gefahr des Scheiterns, eingegangen wird. Es ist entscheidend, auf welcher Grundlage eine Spekulation eingegangen wird und ob Risiko und → Gewinn in einem angemessenen Verhältnis stehen.

Spekulationssteuer: Gewinne, die aus spekulativen Geschäften stammen, unterliegen einer Spekulationssteuer. Das deutsche Steuergesetz gibt eine detaillierte Aufzählung von Geschäften, deren → Gewinne zu versteuern sind und welche Mindestzeiträume und -gewinne maßgeblich sind.

Staat: Der Staat umfasst allgemein Bund, Länder und Gemeinden und stellt in der → Volkswirtschaftslehre ein Wirtschaftssubjekt dar, dessen wirtschaftliche Aktivitäten sich im Staatshaushalt widerspiegeln. Dem Staat obliegen bestimmte hoheitliche Aufgaben, zu deren Erfüllung die Staatsausgaben zur Verfügung stehen und die durch Staatseinnahmen oder → Staatsverschuldung finanziert werden.

Staatsverschuldung: Die Staatsverschuldung gibt wertmäßig über die Höhe der Schulden des → Staates Auskunft. Übersteigen die Staatsausgaben die → Einnahmen, so ist die Differenz durch eine zusätzliche Staatsverschuldung auszugleichen.

Steuern: Geldleistung an den → Staat, die keinen direkten Anspruch auf Gegenleistung beinhaltet. Mit dem gesamten Steueraufkommen finanziert der Staat die → Ausgaben, ohne dass eine Zahlung an den Staat einer Leistung vom Staat exakt zuzuordnen ist.

Subvention: Staatliche Unterstützungszahlungen an → Unternehmen.

Tauschwirtschaft: Eine reine Tauschwirtschaft, die auch als Naturaltauschwirtschaft bezeichnet wird, ist dadurch gekennzeichnet, dass eine Ware oder eine Dienstleistung direkt gegen eine andere Ware oder Dienstleistung getauscht wird. Entscheidend ist dabei, dass Leistung und Gegenleistung in einem für die Tauschpartner angemessenen Verhältnis stehen. Diese Tauschaktivität wird durch → Geld wesentlich vereinfacht.

Umsatz: → Erlös.

Unternehmen: Oberbegriff für wirtschaftliche Einheiten, in denen in der Regel mehrere Personen zur Erzeugung von Waren oder Dienstleistungen zusammenarbeiten.

Verlust: Übersteigen die → Kosten die → Erlöse wirtschaftlicher Aktivität, so liegt ein Verlust vor; engl.: Loss; Gegensatz: → Gewinn.

Vollkommene Konkurrenz: In einer Situation mit vollkommener Konkurrenz treffen eine Vielzahl von Anbietern und Nachfragern aufeinander. Der Einzelne kann, im Gegensatz zum → Monopol, keinen Einfluss auf die → Preise nehmen.

Volkswirtschaft: Die Gesamtheit aller wirtschaftlichen Einrichtungen und Aktivitäten innerhalb eines Staatsgebietes wird als Volkswirtschaft bezeichnet.

Volkswirtschaftslehre: Zusammen mit der → Betriebswirtschaftslehre bildet die Volkswirtschaftslehre den wirtschaftswissenschaftlichen Forschungsbereich (→ Wirtschaftswissenschaften). Schwerpunkt des Interesses liegt in der Erfassung, Analyse und Prognose wirtschaftlichen Verhaltens, wobei weniger eine spezifische Person oder → ein Unternehmen betrachtet wird, sondern das Verhalten anhand repräsentativer Akteure bzw. ganzer Gruppen wie beispielsweise der Bauindustrie untersucht wird. So ist z. B. für die Volkswirtschaftslehre weniger die Entscheidung eines Unternehmens über den Kauf einer Maschine relevant, sondern vielmehr die Frage, ob und in welchem Umfang der Wohlstand einer Volkswirtschaft steigt, wenn generell in einer → Volkswirtschaft mehr → Investitionen durch den Kauf von Maschinen getätigt werden.

Wachstum: Zunahme des Ergebnisses wirtschaftlicher Aktivität, wie es in einer Steigerung des → Bruttonationalproduktes zum Ausdruck kommt.

Währung: Bezeichnet zum einen die Währungseinheiten eines Landes oder eines Gebietes wie z. B. DEM für Deutsche Mark in Deutschland oder USD für United States Dollar. Zum anderen werden sämtliche gesetzliche Vorgaben bezüglich des Geldwesens eines Landes als Währung bezeichnet.

Währungsunion: Einführung einer gemeinsamen → Währung in mehreren Ländern und damit der Verzicht auf eine eigenständige Geldpolitik.

Wall Street: Finanzzentrum in den USA entlang einer Straße im Süden von Manhattan. Hier hat auch die größte → Börse der Welt, die New York Stock Exchange ihren Sitz.

Wechsel: Wertpapier, das die Anweisung beinhaltet, einen bestimmten Betrag an einem bestimmten Zeitpunkt auszuzahlen. Durch die Verwendung eines Wechsels wird ein → Kredit gewährt.

Wechselkurs: → Kurs, zu dem ausländische → Währung in inländisches → Geld umgetauscht werden kann, also der → Preis der ausländischen Währung für Inländer.

Wechselseitige Kredite: Prozess der Geldschöpfung durch die gleichzeitige Entstehung von Kredit und Debit bei den Beteiligten einer Transaktion. Zu den Beispielen für wechselseitige Kreditsysteme zählen LETS, Time Dollars und Tauschringe.

Wertpapier: Urkunde, die ein Vermögensrecht, also das Eigentum, den Besitz oder eine Forderung verbrieft, so zum Beispiel eine → Aktie oder eine → Anleihe.

Wettbewerb: Rivalitäts- bzw. Konkurrenzbeziehung. Durch Wettbewerb werden Eigeninitiative und innovative Kreativität der Wirtschaftssubjekte gefördert. → Monopol, → Oligopol

Wirtschaftsordnung: Die Wirtschaftsordnung eines Landes beschreibt die Form des wirtschaftlichen Zusammenlebens. Grundsätzlich unterscheidet man liberale Systeme (→ Freie Marktwirtschaft) und zentral gesteuerte Systeme (→ Zentralverwaltungswirtschaft).

Wirtschaftswissenschaften: Wissenschaftliche Disziplin, die sich mit wirtschaftlichen Zusammenhängen und Aktivitäten beschäftigt. Traditionell unterscheidet man innerhalb der Wirtschaftswissenschaft zwischen der → Betriebs- und der → Volkswirtschaftslehre.

Yin-Yang: Taoistisches Konzept (6. Jh. v. Chr.) über die Beziehung zwischen zwei Gegensätzen, definiert als Teil eines Ganzen auf einer höheren Ebene. Yin stellt das weibliche und Yang das männliche Prinzip dar. Beide Prinzipien werden nicht getrennt voneinander gesehen, sondern als Ergänzung zueinander aufgefasst.

Yang-Währung: Eine Yang-Währung wird hierarchisch gegründet. Sie fördert unter ihren Benutzern den Wettbewerb und das Sparen in Form von Geld. Zurzeit sind alle konventionellen nationalen Währungen als Yang-Währungen zu bezeichnen. In der Theorie der konventionellen/klassischen Ökonomie wird die Yang-Währung als die einzige Art von Geld betrachtet.

Yin-Währung: Eine Yin-Währung wird selbst von ihren Benutzern auf der Basis von Gleichheit kreiert. Sie fördert Kooperation und nicht das Sparen in Form von Geld, sondern andere Vermögensformen (z. B. Immobilien, Kunstwerke). Zurzeit kann man alle Formen von → wechselseitigen Krediten Yin-Währungen nennen.

Xetra: Bezeichnung für ein elektronisches Handelssystem an der Deutschen Börse in Frankfurt, das die physische Anwesenheit von Käufern und Verkäufern überflüssig macht.

Zentralbank: → Notenbank

Zentralverwaltungswirtschaft: Eine → Wirtschaftsordnung, die auf staatlichen Mehrjahresplänen basiert, wird als Zentralverwaltungswirtschaft bezeichnet. → Unternehmen sind Befehlsempfänger des → Staates, deren Güterproduktion auf Grund der staatlich vorgegebenen Mengen stattfindet; Gegensatz → Freie Marktwirtschaft.

Zinsen: → Preis für die Überlassung von → Kapital bzw. → Geld.

Zinssatz: Üblicherweise in Prozent und in der Regel pro Jahr ausgedrückte Zahl zur Ermittlung der Zahlungsverpflichtung.

ANHANG

Anmerkungen

[1] Galbraith, John Kenneth: *Money. Whence it came. Where it went.* Boston 1975, S. 5.

[2] Business Week: *Hot Money* (20. März 1995), S. 46.

[3] Mesarovic, Mihaljo und E. Pesterl: *Mankind at the Turning Point: The second report to the Club of Rome.* New York 1974.

[4] Greider, William: *One World: Ready or Not.* New York, März 1997.

[5] Ray, Paul und Sherry Anderson: *The Cultural Creative.* New York 2000.

Bildnachweis

Einband und Illustrationen: Joachim Knappe.
Der Rechteinhaber der restlichen verwendeten Bilder ist der Autor selbst.

Als **weiterführende Literatur** möchten wir auf die folgenden zwei Titel des Autors verweisen:

Das Geld der Zukunft. Über die destruktive Wirkung des existierenden Geldsystems und die Entwicklung von Komplementärwährungen. Riemann Verlag, München 1999.

Mysterium Geld. Emotionale Bedeutung und Wirkungsweise eines Tabus. Riemann Verlag, München 2000.

Geld oder Liebe? – Beides!

Peter Kaczmarek

1 x Jenseits, einfache Fahrt

Lou ist ein Loser. Mit 48 Jahren lautet die Bilanz des Kölner Privatdetektives: 100 Kilo Kampfgewicht, kein Job, keine Frau. Ein idealer Zeitpunkt für den Auftrag des zwielichtigen Musikmanagers Eddi. Dessen Geschäftsführer ist mit einer halben Million in bar verschwunden. Lou verfolgt ihn bis in die Normandie und stößt dort auf Zündstoff pur. Dabei stolpert er über die langen Beine seiner jungen Begleiterin, der blonden Kellnerin Kat. Ist der schweigsame »Gefühlsvolltrottel« (O-Ton Kat) etwa reif für die Liebe? Lous Soundtrack zum Leben wechselt von »Only Happy When It Rains« zu »The Winner Takes it All«.

264 Seiten. Für junge Erwachsene.

Heisse Trips und kühle Küsse

Jochen Till

König
für einen
Sommer

Zehn Wodka-O waren zu viel: Als David nach seiner Geburtstagsfeier aufwacht, hat ihn seine Freundin Chriss verlassen. Aus dem Tief hilft nur Spaß total. Mit LSD-Trips, reichlich Bier und Dope geht's ab in den Spanien-Urlaub. Mit dabei: Schlucki, Rudi, Ost-Ei und ein Drogenfahnder, der aussieht, als wäre er gerade aus Woodstock zurück. David ist wieder König, wenigstens für einen Sommer. Zu Hause wartet Kelly, das hübscheste Mädchen der Welt. Sie ist einfach zu schön für mich, denkt David. Aber Daily Soaps kann man abschalten, die Liebe nicht.

216 Seiten. Für junge Erwachsene.

Chili

Ein Schlückchen Blut tut gut

Marc Behm

Die Vampire von New York

»Man lebt nur einmal« ist die Devise der ebenso attraktiven wie unsterblichen Cora. Als Vampir in New York liebt sie wilden Sex mit jungem Blut, wenn sie nicht gerade ihren Holzsarg poliert. Mit ihrem Freund Tony und dem alten Lehrmeister Brand (ein reifer Jahrgang von 1148) raubt Cora ein Spielkasino aus, Flucht als Fledermaus inklusive. Die irrsinnig komische und spannende Jagd nach Geld entwickelt sich wie ein Film, den Kafka mit den Marx-Brothers gedreht haben könnte. In den Nebenrollen: Mozart, Benny Goodman und Robin Hood.

224 Seiten. Für junge Erwachsene.